Karin Ludewig
Liebe & List

Die Kunst der Diplomatie:

„Dort Unkenntnis vortäuschen,
wo alle genau Bescheid wissen,
sich wissend stellen,
wo alle im Dunkeln tappen,
vorgeben, nicht vernommen zu haben,
was alle gehört haben,
vor allem aber so tun,
als könne man Unmögliches vollbringen;
sich den Anschein des Tiefsinns geben,
wenn man bloß hohl und leer ist."

Pierre Augustin Caron de Beaumarchais (franz. Komödiendichter, 1732 – 1799) über die Kunst der Diplomatie in „Figaros Hochzeit".

Karin Ludewig, absolvierte nach dem Abschluss des Chemiestudiums noch eine journalistische Zusatzausbildung inkl. Presse- und Vertragsrecht im Verlagswesen. Anschließend arbeitete sie als Redakteurin und Herausgeberin einer Fachzeitschrift und als Lektorin und Verlagsleiterin eines Fachbuchverlages.

Karin Ludewig

Liebe & List

Geheimnisse weiblicher Diplomatie von Hatschepsut bis Angela Merkel

US creativ Verlag

FSC
www.fsc.org
MIX
Papier aus verantwortungsvollen Quellen
Paper from responsible sources
FSC® C105338

Bibliografische Information der Deutschen Nationalbibliothek: Die Deutsche Nationalbibliothek verzeichnet diese Publikation in der Deutschen Nationalbibliografie; detaillierte bibliografische Daten sind im Internet über dnb.dnb.de abrufbar.

Ungekürzte Taschenbuchausgabe
US creativ Verlag

Umschlag Design: US creativ Design, Hockenheim
Umschlagabbildungen/Quelle: Pixabay
Satz: US creativ Design, Hockenheim
Herstellung: BoD - Books on Demand, Norderstedt

ISBN: 978-3-9822503-0-4

www.uscreativ-verlag.de

Liebe & List
Geheimnisse weiblicher Diplomatie
von Hatschepsut bis Angela Merkel

Inhalt

Vorwort

„Sie müssen Ihre Mitarbeiter lieben. Sie müssen Ihnen Ihre ganze Aufmerksamkeit schenken, sonst werden Sie nie eine erfolgreiche Führungskraft." Mit diesen Sätzen begann der Referent unser Seminar über Führungsstrategien. Wir, die Verlagsleiter einer Medienholding, schauten uns verwundert an. Im Laufe des Seminars begriffen wir aber, dass der Mann recht hatte.

Viele seiner „Merksätze" versuchte ich später in der Praxis anzuwenden und teils klappte es, teils nicht, teils hatte ich Zweifel, ob ich es wirklich versuchen sollte. Vor allem ließen mir zwei Fragen keine Ruhe: Ist das alles neu oder hat jemand schon früher die eine oder andere Strategie angewendet? Wenn ja, wer, wann, warum und mit welchem Erfolg?

Außerdem die Frage: Hat das alles auch Gültigkeit, wenn eine Frau die Führungskraft ist? Kann sie erfolgreich männliche Führungsmethoden anwenden? Mich interessierten speziell Frauen, denn ich war unter zehn Männern die einzige Frau in diesem Seminar. Dieses Verhältnis war vor dreißig Jahren ganz normal, ja direkt schon fortschrittlich. Galten diese Strategien also auch für mich? Vielleicht führen Frauen anders?

Ich begann Biografien prominenter Frauen zu lesen und ihre Strategien zu analysieren, denn sie hatten es wohl geschafft, sonst wüsste man heute nichts über sie. Warum nicht von ihnen lernen und die in der Praxis bereits erprobten Strategien übernehmen?

Tatsächlich stellte ich fest, dass die Tipps unseres Seminarleiters schon uralt und über Hunderte von Jahren in der Praxis erprobt worden waren. Frauen standen in der Anwendung männlicher Führungs- und Manipulationskünste in keiner Weise den Männern nach. Im Gegenteil, sie hatten noch einige spezielle Feinheiten dazu entwickelt, denn sie mussten vorwiegend mit Männern klarkommen.

Wenn Frauen dabei erfolgreich sein wollten, mussten sie aus verschiedenen Gründen etwas raffinierter sein. Nicht alle wissen das heute, nicht alle wollen das übernehmen, weil weibliche Raffinesse leider ein negatives Image hat. Zu unrecht und genau deshalb stellen sich immer wieder zwei entscheidende Fragen:

Warum gibt es zu wenige Frauen in Führungspositionen? Warum werden so viele Ehen geschieden? Die Antwort könnte lauten: Es mangelt vor allem jungen Frauen am Wissen über diplomatische Grundregeln. Wenn Frauen aber die raffinierten Strategien im Umgang mit Menschen, speziell auch mit Männern, beherrschen, egal ob alt oder neu interpretiert, dann wickeln sie jeden Mann um den Finger. Dann machen Männer für diese Frauen ohne Widerworte das, was sie sollen, denn die Grundregeln funktionieren im Berufs- und im Privatleben.

Bei meinem Streifzug durch die Biografien prominenter Frauen ist mir klar geworden, dass es vor allem Männer sind, die für Frauen in Führungspositionen von positiver oder negativer Bedeutung sind. Zum einen gibt es schon seit Menschengedenken und bis heute mehr Männer als Frauen in gesellschaftlichen Organisationen, zum anderen fügen sich Frauen anders in Gruppen ein als Männer. Fragt sich nur, ob sie auch anders führen.

Unser Seminarleiter unterschied nicht zwischen Männern und Frauen, die geführt werden sollen. Er differenzierte auch nicht, ob die Führungskraft männlich oder weiblich war. Seine Tipps und Tricks galten als eine Art Überbau. So weit, so gut. Er sprach auch immer wieder von einem „Werkzeugkasten", den er uns zur Verfügung stellen wollte. Jeder könne sich zu gegebenen Zeitpunkten entnehmen, was er braucht.

Ich „entnahm" mir alle „Werkzeuge" und ergänzte sie mit den Erfahrungen von Frauen in Führungspositionen aus Geschichte und Gegenwart. Vor allem, wenn es um den Umgang mit Männern ging, die in einer Hierarchie über, unter oder neben einer Frau zu finden sind. Wie haben das andere Frauen gemacht oder warum sind sie vielleicht doch gescheitert?

Ich hatte natürlich einen männlichen Chef und mehrere männliche Mitarbeiter, für die ich die Chefin war. Die meisten waren im Verlag fest angestellt, andere waren freie Autoren, die ebenfalls (männlich) motiviert werden wollten, denn Manuskripte für Fachartikel und Buchmanuskripte mussten pünktlich abgegeben werden und Honorare ausgehandelt. Weibliche Mitarbeiterinnen gab es bei mir nur im Sekretariat und im Lektorat. Damit kam ich ohne Probleme klar. Da brauchte ich keine „Werkzeuge". Das Führen von Frauen durch Frauen ist ein Thema, das hier in diesem Buch keine besondere Beachtung finden wird. Nur wenn Frauen in Männerdomänen eindringen – in die Führungszirkel – müssen sie sich wappnen. Das heißt, sie müssen „Werkzeuge" aus der männlichen Führungskultur kennen, modifizieren und erweitert übernehmen.

In dem vorliegenden Buch stelle ich einige erfolgreiche Frauen aus Geschichte und bis hin zur Gegenwart mit ihren unterschiedlichen diplomatischen Strategien und in verschiedenen Lebensepisoden vor. Gegliedert wird nicht chronologisch nach Epochen oder alphabetisch nach Personen, sondern nach „diplomatischen Werkzeugen", die selten allein angewendet werden, denn in der Kombination liegt die Kunst.

Vielleicht können die Leserinnen von dem einen oder anderen geschickten Vorgehen, der einen oder anderen Inszenierung in der einen oder anderen Situation, bei der einen oder anderen beruflichen oder privaten Führungsaufgabe profitieren.

Karin Ludewig
Juli 2020

Und übrigens: Es gibt zu wenige Frauen in Führungspositionen? Ja, das stimmt. Nur wenn nach Gründen gesucht wird, sind manche auf dem Holzweg. Wirklich nicht alle Frauen wollen Vorstandsvorsitzende, Chefärztin, Verlagsleiterin oder Parteivorsitzende werden. Es ist für viele Frauen nicht so erstrebenswert, wie manche Männer denken. Dafür gibt es gute Gründe.

Lebenswelten

„Viele Frauen wissen nicht, was sie wollen,
aber sie sind fest entschlossen, es zu bekommen."
(Peter Ustinov)

Sabine L. feierte ihren achtzehnten Geburtstag. Während der familiären Kaffeerunde fragte eine Tante: „Was willst Du denn mal werden?" Spontan kam die Antwort: „Ich werde Journalistin, habe ein uneheliches Kind und wohne im Hotel." Allgemeine Heiterkeit am Kaffeetisch. Das war durchaus nicht das Lebensmodell, das 1966 für junge Mädchen der Norm entsprach.

Das Leben spielte dann natürlich anders. Journalistin konnte in der DDR nur werden, wer überzeugte Parteigenossin war. Das kam für sie also nicht infrage. Studiert wurde das politisch neutrale Fach Chemie. Nach der illegalen Flucht in die Bundesrepublik ergab sich aber die Möglichkeit, als Fachjournalistin zu arbeiten, dann als Cheflektorin und Verlagsleiterin. Aus einem Kind wurden zwei eheliche, aber nach sieben Jahren Ehe verließ sie ihren Mann. Die Ehe wurde geschieden. Im Hotel wohnen ging auch die nächsten dreißig Jahre nicht, weil es schlicht und ergreifend zu teuer war. Trotzdem sagt sie heute: „Meine Lebenswelt war fast so, wie ich sie mir vorgestellt hatte."

Andrea N. formulierte 1989 als Abiturientin das Berufsziel: Bundeskanzlerin oder Hausfrau. Auf das Ergebnis dürfen wir noch gespannt sein. Eine Zeit lang sah es so aus, als ob der Job als Bundeskanzlerin erreicht werden könnte. Bis zur Parteivorsitzenden der SPD hatte sie es schon geschafft. Doch plötzlich eine unerwartete Entscheidung und ein abrupter Abgang. Nun geht es eher in Richtung Hausfrau. Auf jeden Fall wurde hier eine Alternative formuliert: Plan A und Plan B. Das ist eine gute Strategie.

Es gibt natürlich auch Achtzehnjährige, die sagen, mal sehen, was kommt. Erst wollen sie sich mal ausprobieren und finden. Das klingt planlos und auf Scheitern programmiert. Ist es aber sicher nicht, denn das sind vielleicht die echten Lebenskünstlerinnen. Nicht alles ist planbar und vielleicht besteht die wahre Kunst des Lebens darin, das Beste aus jeder Situation zu machen.

Gabriele H. konnte als jüngstes Mitglied der Bundespressekonferenz auch nicht ahnen, dass sie Konrad Henkel heiratet, er nach dem Tod seines Bruders die Konzernleitung übernimmt, und sie von der Chefarzttochter und Journalistin zur Hausfrau mutiert. Diese Rolle spielte sie dann aber auf ihre ganz persönliche Art und Weise. Sie gab weit und breit die interessantesten Gesellschaften mit so ideenreichen Tischdekorationen wie „Bilder der Vergangenheit" oder „Fragmente der Sehnsucht".

Für das Unternehmen Henkel sammelte sie Kunst, privat kaufte sie höchstens mal eine Postkarte. Viele Gesellschaften fühlten sich geehrt, wenn das Ehepaar Henkel einer Einladung folgte. Andererseits waren die Henkels als Gäste auch etwas gefürchtet, denn es kam nicht selten vor, dass Gabriele sich umsah und nach kurzer Zeit laut und energisch rief: „Konrad, wir gehen!" Das bedeutete dann, dass ihr einige Gäste nicht behagten.

„Inszenierung von Lebenswelten" – so hießen Vorlesungen, die Gabriele Henkel als Gastprofessorin an der Universität Wuppertal hielt. Diesem Thema sollten sich viele Frauen sehr ernsthaft widmen. Es geht eben nicht darum, nur eine Wohnung sauber zu halten und hübsch zu dekorieren. Leider sind aber die meisten Frauen ständig damit beschäftigt, perfekt zu funktionieren. Wie alle „gut erzogenen Töchter" blockieren sie sich damit selbst. Ständig wollen sie bewahren, erhalten, pflegen, hegen und harmonisieren. Alles, was nach Strategie, nach langfristiger Planung oder gar Tabubruch aussieht, ist angeblich hinterlistig und damit etwas für böse Jungs.

Frauen denken, dass grenzenloser Leistungswille, Anpassung und Härte gegen sich selbst den Weg an die Spitze ebnen. Falsch! Dieser Weg geht höchstens bis in die „Mitte". An der Spitze wird Leistung anders definiert, denn dort punkten nicht die fleißigen Arbeitsbienen, dort zählen Persönlichkeit und Profil!

So wichtig auch Arbeitsbienen für ein Volk sind, die Königinnen setzen andere Prioritäten und agieren anders. Für eine menschliche „Bienenkönigin" könnten die Amazonen als Vorbild dienen. Das Frauenbild aus der griechischen Sagenwelt erlebte im Zeitalter des sinnenfrohen Barock eine zweite Blütezeit und wurde zum erstrebten Ideal.

Egal, ob Töchter auf Rittergütern, auf den Schlössern des Hochadels, in den städtischen Villen der Großbourgeoisie oder den Anwesen der mittelalterlich geprägten Handwerker-Familien: Mädchen erhielten eine umfassende Ausbildung. Sie lernten nicht nur Schreiben und Rechnen, sondern auch Geschichte, Sprachen und Haushaltsführung. Sie konnten reiten, jagen, fechten, tanzen und beherrschten die Kunst einer gepflegten Konversation. Sie waren selbstbewusste und autarke Partnerinnen für Ehemänner, organisierten dominant den Haushalt und übernahmen nicht selten als Witwe den handwerklichen oder landwirtschaftlichen Betrieb oder auch die Regierungskrone.

Dieses Frauenbild ist weit ab von den Normen der letzten fünfzig Jahre, die zwar fortschrittlich, kämpferisch und dynamisch starteten, aber in kleinbürgerlicher und stromlinienförmiger Anpassung mündeten. Die „Frau von heute" hat Kinder und Beruf und macht natürlich alles selber und das vor allem im Einklang mit der Natur. Sie verdient außer Haus eigenes Geld, zu Hause kocht sie, wäscht, putzt, gibt Hilfe bei den Hausaufgaben und abends für den Ehemann den Vamp. Das ist schlicht und ergreifend zu viel des Guten!

Womöglich wird es noch schlimmer, denn die gesellschaftlichen Strömungen wie Resignation und Depression können auch in einer Sehnsucht nach Biedermeier-Idylle enden. Die Flucht in die Idylle der Illusion oder in eine Ideologie wäre kein neues Phänomen. Manche verweigern sich auch für den privaten Part komplett und bleiben kinderlos und Single.

In den letzten Jahren gipfelte der Trend in der sogenannten „Mitte". Hier will und soll sich jetzt alles tummeln, wird aufgesogen, weichgespült, gleichgemacht und integriert, geliebt und überzeugt.

Das alles wird populistisch begleitet von unendlichen, unerschöpflichen und ergebnislosen Diskussionen in Familien, in Paarbeziehungen und im Fernsehen. Dort promoten sich dann vorrangig auf Wähler- und Kundensuche befindliche Politiker, Schneider, Friseure, Köche und Schauspieler, die allesamt keine Dienstleister mehr sein wollen.

Nein, sie wollen nicht auf Kundschaft warten und deren Wünsche erfüllen. Sie wollen Trends vorgeben: „Das ist zu denken, dieses unbedingt zu tragen und jenes zu essen!“ Alles natürlich für alle, alles von der „Stange“ und alles uniformiert. Sie wollen gern Dompteure der bürgerlichen Massen sein. „Nichts ist bürgerlicher als ein Trend, und niemand ist so leicht zu beeinflussen wie der dumme, intellektuelle Mittelbau“, das erkannte schon Jean-Jacques Rousseau.

Aber die eigenwilligen Individuen, die Bürgerinnen und Bürger draußen im Lande, werden auffällig unruhig. Das Halali zur Treibjagd auf die Blender und zur gesellschaftlichen Trendwende ist schon geblasen. In der „politischen Mitte“ will sich keine Harmonie einstellen. Im Gegenteil: Rechts und links, oben und unten und überall will sich der Überdruck entladen.

Auch das aktuelle und medial inszenierte Frauenbild, androgyn und uniformiert im Hosenanzug mit farblich abgestimmter Halskette, überzeugt nicht so recht auf Dauer die Massen. Während Hatschepsut mit völlig männlichem Habitus ihre Macht genoss und ausübte, spielte Katharina die Große ihre dominante Weiblichkeit, dank der von „Gott gegebenen“ absolutistischen Machtposition, aus. Heute ducken sich die Frauen, die politisch mit den großen Jungs spielen dürfen, modisch neutral gekleidet in besagter „Mitte“ ab und reden von Gleichberechtigung. Die Frage, wer da wen benutzt und am Nasenring durch die Arena führt, ist noch nicht beantwortet. Man darf es sich als Zuschauerin in der ersten Reihe auf den „Frauen-Park-Plätzen“ bequem machen.

Nein, abducken ist nicht die Lösung, vielmehr gilt das Credo für den aktiven Einsatz aller Mittel, natürlich auch der einen oder anderen List. „Rechne nicht mit der Göttin Fortuna, setze alles auf eigene List!“ Das formulierte schon Giovanni Boccaccio im Decamerone. Fühlten sich doch gerade die Aristokraten nur höheren Mächten gegenüber verantwortlich. Sie demonstrierten es gern an Spieltischen, um allen zu zeigen, dass sie mit den Göttern im Bunde sind. Wer siegte, war ein Liebling der Glücksgöttin und ein wahrer Aristokrat. Duelle wurden ausgetragen, weil sie keine weltliche Instanz über sich duldeten. Sie richteten sich, wenn überhaupt, nur auf gleicher sozialer Stufe.

Was war das für eine Qual für die Adligen, als Ludwig XIV. diese elitäre Gesellschaftsschicht mit hinterlistiger und subtiler Gewalt an seinen Hof nach Versailles zwang. Weg von Paris, wo sie ihre eingespielten Netzwerke hatten. Plötzlich zahlte er ihnen wie einem Angestellten ein extrem geringes Salär, teilte ihnen im Seitenflügel zur Miete ein kleines Zimmer zu, entwickelte eine Kleidermode am Hof, die viele in die Schulden trieb. (Heute vergleichbar mit der Marken-Euphorie, die Kaufkraft „abschöpft“ und die Leute abhängig von Arbeitgebern und Banken macht.)

Aber auch damals galt es zu demonstrieren, dass man in „seiner Gunst, in seiner Sonne“ stand und dazugehörte, zu einer besonders auserwählten Klasse. Von dieser königlichen und listigen PR-Strategie haben heute viele Politiker, Schneider, Köche und Friseure etwas abgeguckt.

Dabei ist das Wort „List“ nur im abendländischen Kulturkreis im Laufe der Zeit negativ besetzt worden. Im Chinesischen zum Beispiel wird für das Wort „List“ das gleiche Zeichen wie für die Weisheit verwendet, eine ganzheitliche und umfassende Klugheit, also alles andere als negativ.

„Seid klug wie die Schlangen“ empfahl schon Jesus (Matthäus 10,16). In der Bibel ist die Schlange ein Symbol für die List, für die Klugheit im positiven Sinn. In der Medizin windet sich die Schlange um den Äskulapstab. Warum? Weil sie das Tier mit dem sichersten Instinkt dafür ist, was ihr guttut. Sie symbolisiert in der Medizin die enormen Selbstheilungskräfte des Patienten, die er mit seinem Instinkt und seinem starken Willen mobilisieren und verstärken kann. Der Äskulapstab (nach dem griechischen Gott der Heilkunst benannt) steht für die Unterstützung eines Arztes bei der Auswahl von Heilmethoden und Heilmitteln.

Gesunder Instinkt und Intuition sind es auch, auf die es bei der Wahl der diplomatischen Mittel ankommt. Dabei gibt es keine Tabus, denn in der Liebe, im Krieg (heute ist Wirtschaft auch eine Art von Krieg) und im Beruf, sind alle Mittel erlaubt.

Die List ist rehabilitiert und nichts anderes ist die Diplomatie, auch die weibliche Diplomatie. Ob demonstrative Zurückhaltung, subtile Andeutungen, vernichtende Gerüchte, lockende Verführung, brachiale Gewalt oder katzenhafte Geduld – zum Ziel kommt, wer je nach Neigung, Situation, Zeitgeist und der Psyche des Verhandlungspartners entscheidet, dabei die geeigneten Mittel anwendet und immer selbst Regie führt. „Agieren statt reagieren", so heißt das Motto.

Natürlich wird auch mit Diplomatie und List nicht immer jedes gewünschte Ziel erreicht. Die „Chemie" zwischen allen Beteiligten sollte stimmen, denn das erleichtert alles. Außerdem ist nicht jeder zu jeder Zeit am richtigen Ort. Auch die Qualifikation, Motivation und die gegenseitige Sympathie spielen genau wie der jeweilige Zeitgeist, also die gesellschaftlich akzeptierten Normen, eine entscheidende Rolle.

Frauen, die alle ihre Kenntnisse und Überlegungen in Übereinstimmung gebracht haben, konnten zu verschiedenen Zeiten Großes vollbringen. Andere scheiterten auf halbem Wege, andere hatten gar kein Ziel und lebten in ihren Lebenswelten trotzdem glücklich und zufrieden.

Rollenspiele

Frauen, die behaupten, dass sie im täglichen Leben keine „Rolle" spielen, unterliegen einer Selbsttäuschung oder lügen bewusst. Selbst Kinder spielen Rollen und wissen genau, wie sie das bekommen, was sie wollen. Niemand nimmt es ihnen übel, weil die Tränen, das Gebrüll, der kokette Blick, die Schmuserei oder auch schon mal die Krankheit ganz unbewusst, nur rein intuitiv, eingesetzt werden. Wenn erwachsene Frauen von Zeit zu Zeit bestimmte „Rollen" spielen, gelten sie schnell als intrigant. Dabei ist es doch für alle Beteiligten nur von Vorteil.

Die Narzisstin sagt: „Ich bin so, wie ich bin!"

Die Diplomatin fragt: „Welche Rolle muss ich spielen, um an mein Ziel zu kommen?"

Die Zuhörerin

„Wo wäre die Macht der Frauen, wenn nicht die Eitelkeit der Männer wäre?"(Marie Freifrau von Ebner-Eschenbach)

„Ich will ihn, aber wie verführe ich ihn?", fragen sich viele und ziehen wie Lieschen Müller einen kurzen Rock an, tragen ein großes Dekolletee, erzählen beim Date viel über sich selbst und gewinnen den „Prinzen ihrer Träume" trotzdem nicht.

Diplomatische Frauen machen das anders: Sie widmen sich seiner Eitelkeit. Sie interessieren sich für ihn, hören ihm interessiert zu und haben damit Erfolg. Der Trick funktioniert auch gegen seinen Willen, sogar wenn er dagegen gewettet hat.

Männer wetten oft und gern, auch um Frauen, die meist nichts davon wissen. Anders die Kurtisane Ninon de Lenclos. Ihr Ex-Liebhaber wettete mit dem jungen Abbé Gedolyn, dass dieser den Verführungskünsten von Ninon nicht widerstehen könnte. Der junge Mann konnte nicht verstehen, warum Männer von den Reizen einer in die Jahre gekommenen Frau immer noch ins Schwärmen kamen. Er würde jedenfalls allen Verführungskünsten widerstehen.

Top, die Wette zwischen den zwei Männern galt. Ninon wusste von der Wette und stimmte einem Rendezvous mit dem jungen Mann trotzdem zu. Die Situation war klar: Sie hatte beschlossen, ihn zu verführen, aber er wollte nicht verführt werden, um seine Wette zu gewinnen. Das Spiel begann.

Sie begrüßte ihn, bewirtete ihn wahrscheinlich mit Tee und Gebäck und überbrückte die ersten Minuten des Fremdelns mit einem lockeren Warm-up, das vor dreihundert Jahren natürlich so noch nicht genannt wurde. Vielleicht machte sie ihm ein Kompliment über seine Kleidung, fragte dann nach seiner Meinung über die letzte Vorstellung in der Comédie-Française, nach der Gegend, in der er aufgewachsen war, und so weiter und so weiter. Mit einem lächelnden Gesichtsausdruck und wachen Augen hörte sie ihm aufmerksam und geduldig zu. Sie unterbricht ihn nur, um nachzufragen. Ihr Interesse ist echt, nicht gespielt, nicht distanziert und auch nicht mütterlich. Sie widmet sich ihm jetzt und hier und ganz und gar. Sie huldigt der Erfahrung: „Wenn ich ihn bezaubernd finde, dann wird er verzaubert."

Dieses Interesse schmeichelt seinem Selbstbewusstsein. Diese Frau, die immer noch die „Aura der Begehrenswerten" umweht, widmet sich ihm. Sie könnte viele andere haben. Die Wirkung bei ihm lässt nicht lange auf sich warten. Bald schon gesteht er ihr seine leidenschaftliche Liebe und ist sich sicher, dass sie ihn erhört. An einem Ja lässt sie auch keinen Zweifel, bittet ihn aber, noch genau einen Monat und einen Tag zu warten.

Hoch erfreut zählte er ab sofort jede Stunde. An dem ersehnten Abend, als er endlich die Wette verlor und ihr Liebhaber wurde, fragte er natürlich, warum er warten musste. Sie scheute sich nicht vor der Wahrheit: „Weil ich heute Geburtstag habe und mir beweisen wollte, dass ich auch im Alter von siebzig Jahren einen Mann noch glücklich machen kann."

Die Rolle der Zuhörerin funktioniert auch heute noch, denn am liebsten ist jeder mit sich, seinen Gedanken, Gefühlen und Problemen beschäftigt und sucht vor allem Bestätigung. Deshalb gilt das Fragen nach dem Befinden und nach Erlebtem sowie interessiertes Zuhören zu den elegantesten und unentbehrlichen Waffen weiblicher Diplomatie. Der Einsatz erfolgt am besten täglich.

Die Dominante

„In allen Handlungen entschlossen, kühn und tatkräftig sein. Das Gegenteil macht verächtlich." (Machiavelli)

Besonders beliebt sind Frauen, die sagen, wo es langgeht! Die Rolle der dominanten Hausherrin wird von allen Männern dankbar respektiert. Davon sind sie beeindruckt. Für langfristige

Strategien, die Frauen entwickeln, gilt das nicht. Männer dürfen nicht merken, dass Frauen strategische Überlegungen anstellen. Ihre Bewunderung gilt ausschließlich dem praktischen Tatendrang im Hier und Jetzt. Das gilt im häuslichen und im beruflichen Alltag.

„Ihre Stärke war die Entschlossenheit" – so bezeichnen Politikwissenschaftler die „eiserne Lady". In den Reden von Margaret Thatcher gab es nur klare Ziele und Botschaften. Sie trug nicht Probleme vor und verlor sich in Begründungen mit „kompetenten Aussagen von Experten". Übrigens eine allseits beliebte weibliche, aber erfolglose Strategie. Bei ihr entstand nie der Eindruck von Unsicherheit. Sie sagte: „So wird es gemacht, und nur so werden wir siegen." Ein Gefühl von Sicherheit machte sich breit und das gefiel. Alles im Lot und mit Kleinigkeiten wird man nicht behelligt: Das ist ein Traum für Männer.

Die Dominanz im Alltag überlassen Männer gern den Frauen. Selbst Könige sind auf diese Art zu beeindrucken. So geschehen am 7. Dezember 1704: Der Türmer des Kreuzturmes bläst in seine Trompete und sofort wird die große Feuerglocke in Dresden geläutet. Jetzt wissen alle Handwerker des Viertels, dass sie mit Äxten und Feuereimern schnellstens zu den Löscharbeiten eilen müssen. Ein Haus in der Kreuzgasse steht bereits in Flammen und Qualm steigt aus dem Dachstuhl. Das Gesinde läuft wie wild durcheinander, die Knechte binden die Pferde los, denn das Feuer breitet sich schnell durch den Hof aus. Das Wasser der privaten Leitung aller umliegenden Hausbesitzer reicht nicht aus. Die Hausherrin befiehlt ihren Dienern, mit den ledernen Wassereimern zum Brunnen in der Großen Frohngasse zu rennen und dort noch Wasser zu holen. Inzwischen treffen die ersten Handwerker mit ihren Gesellen ein. Frau Hoym, die Hausherrin, erteilt mit fester Stimme Befehle, verliert weder die Nerven noch die Übersicht und die Leute gehorchen ihr.

Schaulustige und Karossen verstopfen die Zufahrt zur Kreuzgasse, machen aber sofort Platz als sie die Kutsche des sächsischen Kurfürsten August I. sehen. Er will sich selbst ein Bild machen, denn ein Feuer im Zentrum der Stadt könnte schnell auf das Schloss übergreifen. Als er am Brandort eintrifft, sieht er Madame Hoym – im Hofkleid und bereits für die Abendeinladung bei der Gräfin Reuß frisiert – und ist fasziniert. Sie meistert die gefährliche Situation und die Leute führen ihre Befehle prompt aus. Inzwischen sind der erste Bürgermeister und der Viertelsmeister eingetroffen und übernehmen die Leitung der Löscharbeiten. Staunend beobachtet die Zuschauermenge wie Madame Hoym in die Kutsche des Kurfürsten steigt.

Beide kannten sich schon und auch dafür war der Anlass eine Wette unter Männern gewesen. Der Steuerpräsident Hoym brüstete sich mit der unübertroffenen Schönheit seiner Frau. „Warum versteckt Ihr sie dann auf dem Landgut?", fragte der Kurfürst. Der Stadthalter Fürstenberg setzte tausend Taler, wenn Hoym mit seiner Behauptung recht haben sollte. Nur deshalb war Constantia, eine Geborene von Brockdorff, in Dresden und hatte sich für die Abendgesellschaft bei der Gräfin Reuß zurechtgemacht.

Fürstenberg verlor seine Wette. Madame Hoym wird wenig später die Mätresse des Kurfürsten August des Starken und erhält den Titel: Gräfin von Cosel. Ihre Entschlossenheit geht auch in dieser Position nicht verloren, wenn sie zum Beispiel den Vertrag für diese Liaison aushandelt, sich ein schriftliches Eheversprechen geben lässt und schon mal kurz entschlossen die Truhen packt, um August im Feldlager zu besuchen, ihr Gut Pillnitz führt und einen Geldverleih betreibt.

„Ihr Geist und ihr Körper werden neidisch darüber streiten, wer von beiden sie liebenswerter macht und ihr mehr Herzen gewinnt." Das notiert Flemming, der erste Staatsminister von Sachsen, in sein privates Dossier über die Gräfin von Cosel. Sie entspricht absolut dem idealen Frauenbild des Barock: der Amazone. Kein Wunder, dass Kurfürst August I. sie zu seiner Favoritin macht, jedenfalls für neun Jahre.

Von viel Schönheit und Geist wurde dagegen über die Frau des Sokrates nichts überliefert. Überhaupt gilt als historisch gesichert nur eine Aufzeichnung von Xenophon: „Sie ist ein zänkisches Weib.“ So ging sie leider in die Geschichte ein. Dabei war sie mit Sicherheit alltagstauglich und sehr resolut. Die ideale Ergänzung als Partnerin für einen, der lieber brotlos philosophierte, als für Lohn kleine und große Steine zu bearbeiten.

Als der bereits fünfzigjährige Steinmetz Sokrates die viel jüngere Xanthippe (aus dem Griechischen übersetzt mit „blondes Pferd“) heiratete, brachte sie zu ihrem resoluten Wesen und ihrer praktischen Veranlagung auch ein beträchtliches Vermögen mit. Die Übersetzung ihres Namens deutet auf ihre Herkunft aus der Athener Adelsschicht. Die Ehe hielt zwanzig Jahre und wurde nur beendet, weil Sokrates zum Tod durch den Giftbecher verurteilt wurde.

Immerhin nahm sie ihm während der Ehe alles ab, was im Alltag anfiel. Sie führte das Haus, zog drei Söhne auf und regelte die Finanzen. Nur so konnte Sokrates zwanzig Jahre lang „philosophieren“. Dabei schrieb er nicht mal eine Zeile seiner Reden auf. Das ist nur seinem Schüler Platon zu verdanken, der immer wie ein Sekretär bei den abendlichen Symposien mitschrieb. Sokrates verdankte es nur seiner Frau Xanthippe, dass er überhaupt Zeit und Muße für philosophische Betrachtungen hatte. Die Philosophie verdankt es ihr ebenfalls und zwar bis heute.

Die Komplizin

„Die Wunden, die unserer Eitelkeit geschlagen werden,
sind halb geheilt, wenn es uns gelingt, sie zu verbergen.“
(Marie Freifrau von Ebner-Eschenbach)

Seelische Wunden kaschieren Männer genau wie Frauen. Nur die in dieser Art Verwundeten erkennen sich, verstehen sich auf einer geheimen Basis, denn nichts verbindet so wie seelische Wundschmerzen. Als Medizin reift auch mal ein Racheplan, der ungeahnte Energien freisetzen kann, die manchmal bis zum Weltruhm reichen.

Im September 1928 findet abends ein privates Dinner in New York statt. Auf Empfehlung eingeladen ist auch die mittellos eingewanderte Künstlerin Baroness Hilla von Rebay. Ein anderer Gast, der siebenundsechzigjährige Solomon Guggenheim, bestellt an diesem Abend ein Portrait bei ihr und wettet, dass sie ihn sicher nicht so portraitieren würde, dass es ihm gefällt.

Natürlich wird es ihm gefallen, denn Hilla war klug genug, um ihn etwas jünger aussehen zu lassen und die Farben so zu wählen, dass das Bild gut in sein Arbeitszimmer passte. Der lukrative Auftrag brachte ihr neuntausend Dollar ein und eine lebenslange Freundschaft, über die bis heute spekuliert wird, ob da nicht mehr war.

Regelmäßig kommt Solomon in ihr Atelier in die Carnegie Hall zu den stundenlangen Portraitsitzungen. Sie plaudern über die Einrichtung, die mit schnörkellosen Linien und klaren Farben dem schlichten Bauhausstil folgt und für Guggenheim völlig neu ist. An den Wänden hängen Aquarelle von Wassily Kandinsky, Paul Klee und Rudolf Bauer, den Avantgardisten der gegenstandslosen Kunst aus Europa. Hilla erzählt wie schwer es doch junge Künstler haben, denn sie finden kaum Anerkennung und können nicht von ihrer Kunst leben.

Sie erkennt schnell, dass Guggenheim sich trotz seines Vermögens langweilt und nicht die Akzeptanz bei dem amerikanischen Geldadel, den Industriellen wie den Rockefellers, den Vanderbilts und den Fords genießt, die er sich wünscht.

„Sie sollten sich als Mäzen junger Künstler profilieren. Sie wissen doch, was es heißt, Pionier zu sein." Ja, das weiß er, und außerdem gefällt ihm die dreißig Jahre jüngere Baroness mit ihrer direkten Art, ihrem Charme und ihrem Sex-Appeal. John Davis wird später in seiner Biografie über Guggenheim schreiben: „Sie kommt daher, nimmt Besitz und gibt dafür dem alternden König Energie, Hoffnung, Enthusiasmus; schenkt dem alten Seeräuber einen neuen Frühling. Sie war ein weiblicher Richard Wagner und Solomon ihr König Ludwig."

Bereits im Sommer 1929 reist Hilla mit dem Ehepaar Irene und Solomon Guggenheim nach Europa auf Einkaufstour, der noch viele folgen werden. Die geplante Sammlung soll sich nicht aus moderner Kunst im weitesten Sinne zusammensetzen, so wie die Rockefellerwitwe „kreuz und quer" sammelte, sondern ausschließlich nur aus gegenstandsloser Malerei. Hilla hatte die Nische gefunden, mit der sich die Guggenheim-Sammlung von der Rockefeller-Konkurrenz, dem im Oktober 1929 eröffneten MoMA (Museum of Modern Art), abheben wird.

In den nächsten Jahren führt Hilla von Rebay ein finanziell sorgloses Leben. Sie muss keine Auftragsarbeiten mehr annehmen, kann sich ihren Collagen widmen und tritt nicht mehr als Bittstellerin, sondern als Kundin in den namhaften Galerien Europas auf. In der Kunstszene wird sie die „Jeanne d'Arc der Kunst" genannt. Endlich Anerkennung! Hier trifft sich ihre seelische Wunde mit der des Solomon Guggenheim. Der gemeinsame, geheime Kitt der Beziehung, die Sehnsucht nach gesellschaftlicher Achtung.

Im Juni 1937 gibt Solomon seiner Sammlung, die inzwischen vierhundert Werke umfasst und nur privat in der Suite im Plaza Hotel zu sehen war, ein rechtliches Dach und gründet die „Solomon R. Guggenheim Stiftung". Die Geschäftsadresse: Hillas Appartement und Atelier in der Carnegie Hall. Gleichzeitig wird der Bau eines Museums angekündigt, aber zurzeit sei man noch auf der Suche nach einem geeigneten Architekten. Er wird gefunden werden, aber es dauerte noch zweiundzwanzig Jahre bis zur Fertigstellung des Baus.

„Ich mache Dich weltberühmt" – soll Hilla zu Guggenheim gesagt haben. Sie hat ihr Versprechen gehalten. Das Guggenheim-Museum ist weltberühmt. Zur Eröffnung war sie nicht eingeladen. Solomon war tot und die Familie hatte Wege gefunden, Hilla den testamentarisch festgelegten Präsidentensitz in der Stiftung und damit für das Museum zu nehmen. „Er hätte sein Geld besser anlegen können", meinte die Familie. Mit dieser Masche als Komplizin hatte auch die vierundzwanzigjährige

Argentinierin Eva Duarte nicht nur einen Mann als Ehemann erobert, sondern auch ein ganzes Land. Im Bett hatte sie ihn schon, den achtundvierzigjährigen Juan Perón. Auf einem Wohltätigkeitsball begegnete sie dem Minister, stach noch am selben Abend seine Begleiterin aus und wurde seine Geliebte. Als Rundfunkmoderatorin unterstützte sie ab sofort seine politischen Ziele: soziale Gerechtigkeit und eine starke, unabhängige Wirtschaft.

„Ich habe mich fanatisch Perón und seinen Idealen verschrieben und ohne Fanatismus kann man nichts vollbringen." Die Armen und Benachteiligten machten sie zu ihrer Ikone. Sicher auch, weil sie aus ärmlichsten Verhältnissen stammte und als uneheliches Kind einen schwierigen Weg bis zu einem geachteten Beruf zu gehen hatte. Auch die „unmoralischen Etappen" dieses Aufstiegs sah man ihr nach, aber vor allem stand sie zu ihrer Herkunft und vertuschte nichts. Das kam im Volk gut an und begründete die lebenslange Komplizenschaft. Ihr nahm man ab, dass sie sich für soziale Verbesserungen aus ehrlicher Überzeugung engagierte.

Nach einem Putsch im Oktober 1945 wurde Perón verhaftet. Eva organisierte mit der Kraft ihres medialen Einflusses eine Protestdemo mit zweihunderttausend Menschen. Die Putschisten lassen Juan aus Angst vor einem Bürgerkrieg frei und am nächsten Tag war Hochzeit. Sechs Monate später wird Juan Perón Präsident von Argentinien und Eva, die sich jetzt Evita nennt, wird First Lady.

Verschwendungs- und Geltungssucht werden die Kritiker aus der feinen Gesellschaft von Buenos Aires der Präsidentengattin vorwerfen, aber das erschüttert die Liebe des Volkes zu ihr nicht. Der mit Kleidern von Dior und teuerstem Schmuck entfaltete und strahlende „Herrscherglanz" scheint auch die Armen zu wärmen, denn Evita ist ständig „sozial unterwegs" und die Frauen Argentiniens verdanken ihr seit 1947 das Wahlrecht.

Die Kraft für Großes, die geboren wird aus der Heilung seelischer Wunden wie mangelnde Anerkennung oder zurückliegender Demütigungen, findet sich nicht nur zwischen Muse und

Mäzen, zwischen Frau und Mann, sondern auch zwischen Frauen, die Männer in deren Revieren jagen. Zu losen Gruppen auf Zeit finden sie sich zusammen, nicht als „Club der Teufelinnen“, eher wie Löwinnen. Diese nachtaktiven Großkatzen jagen als strategisch agierende Gruppe und erlegen gemeinsam die Beute.

Die aktuellste lockere Frauengruppe dieser Art jagt in Politik und Medien und wird von Angela Merkel angeführt. „Die Ost-Tussi wird es euch allen noch zeigen“, soll sie in früheren Zeiten mal ausgestoßen haben. „Kohls Mädchen“ wurde nicht für voll genommen. Man ließ die Quotenfrau am Katzentisch mitspielen.

Ähnlich erging es einer Sekretärin in Gütersloh und einem Kindermädchen in Hamburg. Heute steht Liz Mohn an der Spitze des Verlagshauses Bertelsmann und Friede Springer hat den Axel-Springer-Verlag übernommen. Mit dem etwas anderen Weg nach oben, aber mit Häme am Wegesrand vertraut, waren auch die Stewardess aus Plön, Sabine Christiansen, und die „Quote“ aus Ost-Berlin, Maybrit Illner.

Sie und einige mehr gehören zum „Club der Komplizinnen“, der durch das gegenseitige Verstehen der Wundschmerzen von gesellschaftlicher Demütigung zusammengehalten wird und sich mit Einfluss auf Politik und Medien Linderung in Form von Vorteilen verschafft. Sie helfen sich, sie respektieren sich, sie treffen sich, sie bevorzugen die diskrete Tour. Sie kämpfen nicht mit dem Säbel, sondern mit dem Sezierbesteck. Es wird nicht diskutiert über männliche und weibliche Rollen, kein Wort über die Aufgabenverteilung von Abwasch und Mülleimer, sondern es wird an weiteren erfolgreichen Raubzügen auf männliche Reviere gebastelt.

Das sind die Amazonen der Moderne. Der landläufige Typ „Mann der Moderne“ hat sie nur noch nicht zu seinem Idealbild erkoren. Gut, es können nicht alle die Größe eines griechischen Philosophen oder barocken Fürsten haben, die solche Frauen bewunderten und begehrenswert fanden.

Die Schwache

„Frauen sind nie stärker, als wenn sie sich mit ihrer Schwäche wappnen." (Madame du Deffand)

„Mütterchen, das wird schon. Wir werden eine Lösung finden." In Tränen aufgelöst erschien Katharina die Große mehrfach vor ihren Kabinettsmitgliedern. Alle Männer beruhigten sie und waren damit so beschäftigt, dass sie nicht zum Nachdenken kamen. Plötzlich präsentierte die „Große" selbst die Idee einer Lösung – wie aus dem Moment des Trostes geboren. Sofort hörte sie auf zu weinen und war in bester Stimmung. Alles inszeniert, vorher schon bis in jedes Detail von ihr durchdacht. Natürlich stimmten alle Mitglieder sofort dem neuen Plan erleichtert zu, denn die Situation wurde scheinbar gemeinsam bestens gemeistert.

Weibliche Schwäche – da laufen Männer zu ritterlicher Hochform auf. Nur selbstbewusste und zielorientierte Frauen können mit einer „Schwäche" kokettieren und diese strategisch einsetzen. Die diplomatische Raffinesse bei der weiblichen Hilflosigkeit besteht darin, dass sich der männliche Partner in Sicherheit wähnt. Männer glauben nicht, dass Schwäche gespielt ist. Das käme ihnen nie in den Sinn. Sie praktizieren ja immer das Gegenteil. Ein Mann schließt aus Schwäche ein ehrliches Verhalten und vermutet dahinter keine kühle Taktik. Zur Unterstützung können Frauen alles einsetzen: Unwissenheit, Schweigen, ein vorübergehendes körperliches Leiden oder Tränen, die immer wieder gern genommen werden.

Auch in Bonn erweichten schon weibliche Tränen politische Männerherzen. Mit einer Sommersmogverordnung wollte sich die junge Umweltministerin Angela Merkel im Mai 1995 Lorbeeren im neuen Amt verdienen. Leider verlief die Kabinettssitzung dann doch nicht wie von ihr gewollt. Die Kollegen Matthias Wissmann und Günter Rexrodt trugen allerlei wichtige Bedenken vor und das, obwohl es vorher Rücksprachen unter den Mitarbeitern der Ministerien gegeben hatte.

Völlig verdutzt über die Kritik an dem Entwurf und verärgert über die Kollegen, versuchte Angela Merkel beharrlich ihren Vorschlag unverändert zur Abstimmung zu bringen. Doch ausgerechnet Kohl stoppte jetzt sein „Mädchen“ und verschob eine Entscheidung auf später mit dem Hinweis, sich doch bitte „sorgfältiger zwischen den Ressorts abzustimmen“. Die Ministerin brach in Tränen aus.

Die Wirkung ließ kaum auf sich warten. Einige Tage nach der Kabinettssitzung mit diesen Tränen, einigten sich die Ressortchefs auf einen für alle akzeptablen Kompromiss und dem Sommersmog ging es an den Kragen.

Zu Beginn des Jahres 1995 hatten die „Tränen“ auch schon gewirkt. Angela Merkel fungierte als Präsidentin des UN-Klimagipfels in Berlin. Vierzehn Tage lang wurde diskutiert und debattiert und es schien nicht möglich, ein Ergebnis zu erreichen, mit dem alle tausend Delegierten aus einhundertdreißig Ländern leben konnten. Die Konferenz drohte in einer nächtlichen Sitzung am Ende zu scheitern.

Die Präsidentin der Klimakonferenz brach in Tränen aus. Das Ganze wirkte sehr echt und nicht inszeniert, weil ihre persönliche Mitarbeiterin Beate Baumann halblaut fauchte: „Nun reißen Sie sich mal zusammen!“ Die Teilnehmer, in der Mehrheit männlich, waren überwältigt. Die Konferenz wurde ein Erfolg für die Präsidentin, alle Beteiligten waren mit dem „Berliner Mandat“ zur Reduzierung der Treibhausgase zufrieden.

Mit einem vorübergehenden Leiden trickste Hildegard von Bingen. Sie legte sich wie ein „Fels ins Krankenbett“ und aktivierte so ihre reiche und einflussreiche Verwandtschaft. Jahrelang hatte sie vergeblich versucht, die Genehmigung für den Bau eines eigenen Klosters zu bekommen. Sie wurde erst gesund, nachdem die Gründung ihres Klosters auf dem Rupertsberg genehmigt war. Ihre Verwandtschaft hatte erfolgreich einige Kontakte genutzt und im Jahr 1151 weihte Erzbischof Heinrich I. von Mainz die dreischiffige Kirche des Klosters ein, dem sie dann bis zu ihrem Tod als Äbtissin vorstand.

Während eine Krankheit – möglichst nichts Ansteckendes – gut für akute Fälle einsetzbar ist, wirkt die naive Hilflosigkeit den allgemeinen Anforderungen des gesellschaftlichen Lebens gegenüber sehr dauerhaft. Christiane Vulpius rankte sich „wie Efeu“ um Goethe. In den Versen des „Amyntas“ schreibt er: „Tausend Ranken wurzelten an, mit tausend und tausend Fasern senket sie fest mir in das Leben sich ein. Nahrung nimmt sie von mir; was ich bedürfte, genießt sie, und so saugt sie das Mark, sauget die Seele mir aus. ...“ Aber einige Zeilen später heißt es: „Soll ich nicht lieben die Pflanze, die, meiner einzig bedürftig, still mit begieriger Kraft mir um die Seite sich schlingt?“ Und dann die Warnung an den Gärtner: „Halte das Messer zurück, o Nikias, schone den Armen, der sich in liebender Lust, willig gezwungen, verzehrt! Süß ist jede Verschwendung; o laß mich der schönsten genießen! ...“

Die Beziehung zwischen Goethe und Christiane Vulpius war nicht nur der Klatsch einer Saison in der Weimarer Gesellschaft. Nein, das Unverständnis und die üble Nachrede begleitete die „häusliche Gemeinschaft“ bis zu ihrem Ende im Juni 1815, dem Tod von Christiane. Das waren siebenundzwanzig Jahre. Auch die Eheschließung im Oktober 1806 machte Christiane gesellschaftlich nicht akzeptabel. Immerhin gratulierte die Schwiegermutter aus Frankfurt den Vermählten von Herzen, schickte ihren Segen, und ihr Schreiben endete mit den Worten: „Grüß meine liebe Tochter herzlich. Sag ihr, dass ich sie liebe, schätze und verehre.“

Der in Staatsdiensten stehende Geheimrat Goethe war am 12. Juli 1788 auf dem Weg in sein Gartenhäuschen. Auf der Brücke über die Ilm wartete die dreiundzwanzigjährige Christiane mit einem Bittbrief für ihren Bruder auf ihn. Er kannte den Bruder aus früheren Jahren und versprach, sich für ihn zu verwenden. Es muss gleich gefunkt haben, denn Historiker wollen wissen, dass Christiane noch an diesem Abend seine Geliebte wurde. Bei dieser einen Nacht bleibt es nicht. Schnell hat sich Goethe an das Bett „seines Mädchens“ gewöhnt. Christiane richtet sich häuslich im Gartenhäuschen ein und muss nicht mehr in Bertuchs Fabrik Blumen aus Seide und Taft für die feine Gesellschaft nähen.

Endgültig vollzieht Goethe jetzt die Trennung von seiner Geliebten Charlotte von Stein. Historiker mutmaßen heute, Charlotte von Stein könnte nur der „Briefkasten“ für Herzogin Anna Amalia von Weimar gewesen sein. Wie auch immer, er beendet die Beziehung.

Für ihn sind der Zenit der Klassik und die idealisierte Überhöhung eines spirituellen Frauenbildes vorbei. Zu lange hat er die Freiheit Italiens genossen und zu groß sind in den kommenden Jahren die „Windböen“, die von der Revolution in Frankreich auch in Weimar zu spüren sind. Die natürliche, anschmiegsame Christiane ist es, die ohne Rücksicht auf die Sitte jetzt sein zerrissenes Inneres erwärmt.

In seinem Gedicht „Gefunden“ heißt es: „Ich ging im Walde so für mich hin ..... Das Blümlein, daß er fand, grub er mit „Würzlein“ aus und trug es in den Garten an seinem Haus. ... Da zweigt es immer und blüht so fort.“

Goethe und Christiane, sie waren ihrer Zeit voraus, denn es ist die private Idylle in der Gartenlaube, das Familienmodell des heraufziehenden Biedermeier, das die beiden bereits leben. Christiane gab ihm immer das Gefühl, dass ihre Gedanken und Gefühle nur um ihn kreisen. Mit Problemen im Haus oder Stimmungsschwankungen ihrer Seele belästigte sie ihn nie, das ist aus den Briefen zu lesen, die sich beide schrieben, wenn er dienstlich auf Reisen war. Sie litt nur unter „der Sehnsucht“ nach ihm und erzählte von Blumen und Gemüse im Garten. Der einzige Kummer, der ihm offenbart wurde: „Die Schnecken haben alle Gurken gefressen.“ Kein Wunder, dass Goethe sich wohlfühlte und in den Zahmen Xenien schreibt: „Ich wünschte mir eine hübsche Frau, die nicht alles nähme zu genau, doch aber zugleich am besten verstände, wie ich mich selbst am besten befände."

Der „Gartengott und das Blumenmädchen" – beide schöpften Kraft aus ihrer Gemeinschaft. Und das Defizit, die fehlende gesellschaftliche Anerkennung dieser Beziehung? Goethe war das egal, er stand schon weit darüber; Christiane hätte sie auch als Arbeiterin in der Blumenfabrik nie erlangt.

Die gespielte weibliche Hilflosigkeit war in der Zeit der Frühromantik ein üblicher Trick, der nicht nur von verarmten kleinbürgerlichen Mädchen wie Christiane Vulpius, sondern auch von der berühmten und wirtschaftlich erfolgreichen Malerin Angelika Kauffmann eingesetzt wurde. Sie lebte (1741 bis 1807) im „Jahrhundert des Briefes" und viele Dokumente sind erhalten geblieben, weil Briefe als etwas Exquisites galten. Die Postwege waren unsicher und lang, das Porto teuer und manchmal erlangte das Kommunikationsmittel literarischen Status.

Aus ihren Briefen ist ihre Strategie gut erkennbar: Erst kommt immer ein Dankeschön, dann ein Kompliment für den Empfänger, gefolgt von einem koketten Understatement über die eigenen Mängel oder die eigene Unwissenheit und oft folgt ein konkret formulierter Wunsch. Geschickt gab sie dem Adressaten das Gefühl seiner Überlegenheit, das ihn zu gönnerhaften Gesten animieren sollte. Zum Beispiel zu einer Bestellung für ein Gemälde oder zu einer wohlwollenden Empfehlung an Bekannte. Das genau – und nicht der Gedankenaustausch per Papier – war ihre wahre Absicht, denn sie war nicht nur künstlerisch, sondern auch geschäftlich begabt. Dies zu verbinden, war für eine Frau ihrer Zeit ein Eiertanz. In den Kreisen ihrer aristokratischen Kundschaft galten Frauen, die Geld für ihre künstlerischen Arbeiten verlangten, als unfein.

Sie aber wollte als Künstlerin anerkannt werden und auch noch Geld verdienen. Es gelang ihr sehr erfolgreich, natürlich mit großem Talent und viel Fleiß, aber auch durch die geschickt platzierten Unterwerfungsgesten, die weibliche Schwäche vorspielten, aber zum Ziel führten.

Die Wandlungsfähige

„Eva, Maria, Helena, Sophia – die Skala weiblicher Erotik.“
(Carl Gustav Jung)

Männer erfüllen einer Frau gern jeden Wunsch, wenn sie nur in einer weiblichen Rolle daherkommt, die sie aus der Praxis kennen: Geliebte, Mutter, Schwester oder Tochter.

Lange rätselten Ägyptologen und Archäologen über den seltsamen Pharao, der trotz Königsbart eine weibliche Figur hatte. Es war Hatschepsut, die erste Pharaonin. Diesen Titel hatte sie aber ursprünglich nicht legitim. Sie war zwar die „Große Königliche Gemahlin“ von Thutmosis II., hatte ihm eine Tochter, aber keinen Thronerben geboren. Als ihr Gemahl starb, wurde der Sohn einer Nebenfrau zum neuen Pharao ausgerufen. Thutmosis III. war aber noch ein Kind. Auf Darstellungen aus dieser Zeit erscheint Hatschepsut einen halben Schritt hinter dem Thronerben, aber nicht lange. Vielleicht wollte sie nur allen zeigen, dass man ein Kind nicht regieren lassen kann. Bald stand sie auf Abbildungen vor ihm und übernahm offiziell die Regentschaft für ihren Stiefsohn und Neffen.

Um den Priestern und dem Volk jeden Wind für Kritik aus den Segeln zu nehmen und die Thronbesteigung zu rechtfertigen, veränderte sie nicht nur ihre äußere Erscheinung und kleidete sich wie ein männlicher Pharao, sie verstärkte ihren Anspruch auch mit einem Orakel des Hauptgottes Amun. Im Tempel von Karnak soll die Statue des Amun während einer Prozession gesprochen haben: „Du bist die, die an der Spitze aller Lebenden steht.“

Beherzt ergriff Hatschepsut die Gelegenheit zur Machtübernahme. Vielleicht redete sie sich diese unerhörte Keckheit sogar mit mütterlichen Schutzgefühlen für den kindlichen Neffen schön. Auf jeden Fall wusste sie genau, dass sie die Priester und das Volk nicht über Gebühr provozieren durfte. Instinktiv kleidete sie sich als Mann, denn so war die Position traditionell besetzt. Sogar vor dem Königsbart schreckte sie nicht zurück. Zur Sicherheit holte sie sich auch noch die göttliche Berufung im Tempel von Karnak.

Als kluge Frau veränderte sie wie ein Chamäleon ihre Optik, vereinnahmte religiöse Rituale und passte sich den Mustern an, die ihre Untertanen und Priester kannten. Sie schenkte sich jede Diskussion darüber, dass eine Frau genau so akzeptabel sei wie ein Mann. Wäre sie ganz und gar in der weiblichen Rolle der Ehefrau geblieben, wäre ein Witwendasein die Zukunft gewesen. Kein Vergleich zum Leben einer Pharaonin.

Lieber „tarnte" sie ihre Weiblichkeit und passte sich geschickt der Gruppe an, die sie zum Machterwerb und Machterhalt brauchte: der männlichen Priesterkaste. Sie ordnete ihr weibliches Ego ihrem Ziel unter. Das ist wahre Emanzipation. Die Lust an ihrer Weiblichkeit lebte sie nur im Verborgenen mit Senmut, dem ersten Mann im Staate, aus. Er war aus ärmlichen Verhältnissen aufgestiegen, baute den Totentempel der Hatschepsut in Deir el-Bahari am Westufer des Nil in Theben und war der Erzieher von Prinzessin Neferure.

Über zwanzig Jahre regierte Hatschepsut sehr erfolgreich. Ihr Stiefsohn konnte in dieser Zeit vom Kind zum Manne reifen, machte in der Armee eine beachtliche Karriere und führte als Oberbefehlshaber Expeditionen und Feldzüge. Nach dem Tod seiner Tante bestieg er den Thron. Lange unterstellten Wissenschaftler, dass er sofort daran ging und alle Kartuschen in Obelisken und Tempeln über Hatschepsut vernichten ließ. Dieser Vorwurf hat heute keinen wissenschaftlichen Bestand mehr. Wie es trotzdem zur weitgehenden Zerstörung aller königlichen Hinweise auf die erste Pharaonin kam, ist noch unklar.

Genügend Zeit sich Alternativen für ihr Dasein zu überlegen, ganze siebzehn Jahre, hatte Sophie Auguste Friederike von Anhalt-Zerbst. Sie war mit dem russischen Thronfolger Peter III. verheiratet. Deutsche Prinzessinnen galten als duldsam und anpassungsfähig. Mehrfach öffentlich von ihrem Ehemann gedemütigt, reifte in ihr der Plan, sich seiner zu entledigen. Mit kühlem Verstand machte sie sich seine Feinde, die Kirche und das Militär, zu ihren Verbündeten.

Sie konvertierte zum russisch-orthodoxen Glauben, zeigte sich als fleißige Kirchgängerin in fast busartig schlichtem Gewand und versprach den Popen – für den Fall ihrer Machtergreifung – die Rückgabe der durch Peter konfiszierten Ländereien. Aus den Reihen des Militärs nahm sie sich den Offizier Orlow zum Geliebten. Für ihn spielte sie die verführerische Geliebte Typ Eva. So ganz nebenbei ließ sie über Orlow dem Militär ihre Wertschätzung versichern. Das kam gut an, denn Peter huldigte unverhohlen der Qualität preußischer Soldaten und hielt die eigenen russischen Soldaten für Taugenichtse.

Natürlich „schwang sich Orlow bald ritterlich auf sein Pferd" und befreite seine Geliebte aus der unerträglichen Ehe. Mit einem Offiziersputsch wurde Sophie, die seit ihrer Verlobung mit dem Großfürsten und dem Wechsel vom evangelisch-lutherischen Glauben zum orthodoxen Glauben Katharina genannt wurde, auf den russischen Thron gehoben und erschien in der Militäruniform auf dem Balkon des Winterpalais. Der bereits gekrönte Zar Peter III. wurde unter Arrest gestellt und starb bald auf mehr oder weniger mysteriöse Weise. Katharina war von dieser Nachricht natürlich überrascht.

Nach dieser Machtergreifung wechselte Katharina II. vom Offiziersmantel in das Ornat der Zarin. Zur Ausübung der neuen Macht brauchte sie jetzt einen anderen Gefolgsmann. Orlow war Geschichte. Sie animierte Fürst Grigori Alexandrowitsch Potjomkin mit andeutungsschweren Briefen und Gesten im Stil einer Femme fatale, sie zu seiner Geliebten zu machen. Der Politiker und Feldmarschall ließ sich nicht zweimal bitten. Sie empfing ihn nicht als „Mütterchen Russland" im Ornat, sondern als kapriziöse Gespielin im Negligé. Die Affäre wurde leidenschaftlich und hielt lange. Er eroberte für seine Zarin die Krim und baute die Schwarzmeerflotte auf. In den letzten Jahren vor seinem Tod, die Beziehung war inzwischen in gegenseitigen Respekt übergegangen, suchte er ihr sogar geeignete Gefährten für die Nacht aus.

Viele Frauen, die per Geburt nicht in einem Nest mit hohem gesellschaftlichen Rang und beträchtlichem Vermögen aufgewachsen waren, erlangten mit viel Glück und Geschick den Status einer Mätresse. Das war aber immer eine geborgte Macht, gegründet auf nur einen Mann und naturgemäß auf kurze Zeit. Der problemlose Übergang von der intimen Geliebten zur platonischen Freundin ist durchaus ein Kunststück, das selten gelang.

Mit Bravour vorgeführt hat es Madame de Pompadour. Fünf Jahre lang war sie die Mätresse des Königs von Frankreich. Als seine Hormonschübe ihr gegenüber verebbten, gelang ihr der nahtlose Übergang zur Vertrauten vom Typ Helena. Sie bezog andere Räume im Schloss Versailles und konnte sich weiterhin als „Königin des Rokoko" ihrer Bau- und Kunstleidenschaft widmen.

Die Gunst Ludwig XV. erhielt sie sich bis zu ihrem Tod. Seine Freundschaft sicherte sie sich als loyale politische Ratgeberin und als Initiatorin abwechslungsreicher Bankette, Maskenfeste und Theatervorführungen, die den zur Melancholie neigenden König immer sehr erfreuten. Mit einem Elixier aus Bildung, Charme und Esprit machte sie Ludwig von sich abhängig. Das unterschied sie von den schlichten Freudenmädchen, die nach ihr kamen und gingen. Der Wechsel der Rolle von einer Eva zu einer Helena garantierte ihr weiterhin das luxuriöse Leben am Hof.

Goethes Christiane praktizierte das Wechselspiel quasi permanent. Er schwärmte selbst in Briefen ganz unverhohlen über die „Schlampamperstündchen" im Garten mit seiner animalischen Geliebten, dankte ihrem Fleiß als Haushälterin und freute sich, weil sie ihm aufmerksam und anhimmelnd zuhörte, wenn er aus seinen Arbeiten vorlas. Allerdings schätzte er auch ihre Meinung, die „ehrlich ist und einen unbekümmerten Zugang zum Leben hat".

Alle klugen Frauen variieren ihren Auftritt wie ein Chamäleon, wenn es ihnen von Nutzen ist, um ihr persönliches Ziel zu erreichen. Dieses Rollenspiel erscheint manchen Frauen vielleicht zu manipulativ oder altmodisch, von Vorteil ist es immer.

Dabei ist die Mischung aus Erhabenem und Niederem für Männer besonders spannend. Das wussten die großen Kurtisanen. Sie lockten nicht nur zum sexuellen Abenteuer, sondern eigneten sich so viel Bildung an, dass sie mit ihren Männern auch über Kunst und Literatur diskutieren konnten. Ihre Salons waren angefüllt mit Büchern, Gemälden und Antiquitäten.

Lieschen Müller möchte natürlich nur so geliebt werden, wie sie ist. Ihr schwaches Selbstvertrauen stützt sie mit ihrem weiblichen Narzissmus. Kluge Frauen variieren ihren Auftritt: Die aufregende Eva verführt ihn zur Sünde, die mütterliche Maria hat immer eine warme Suppe auf dem Herd und Heftpflaster für Schrammen parat, mit Schwester Helena kann er Pferde stehlen und seine Gedanken spazieren führen, Tochter Sophia himmelt ihn bedingungslos an.

Seit der Antike geistern diese Bilder über Frauen durch Kunst und Philosophie. Der Philosoph Carl Gustav Jung entwarf daraus sogar eine erotische Skala: Eva, Maria, Helena und Sophia. Der Typ „gleichberechtigter weiblicher Kumpel" ist nicht dabei. Aus diesem Grund macht es auch keinen Sinn für Frauen unserer Zeit, sich an dem Modell abzuarbeiten. Schade um die Energie.

Die Konsequente

„Feinde, Kritiker und Nassauer vernichten,
nicht demütigen und in der Nähe dulden."
(Machiavelli)

Lieschen Müller würde antreten und einen Mann ändern wollen. Sie kann es lassen, denn es wird nicht funktionieren. Männer, die ihr nicht wohl gesonnen sind, müssen entweder mit Lob und Aufmerksamkeit „umarmt" oder gnadenlos ins Nirwana geschickt werden. Solche Typen sind ein permanentes Problem, vergleichbar mit einem faulen Apfel in einer Obstschale. Den entfernt man, weil er sonst das ganze Obst in der Obstschale ansteckt und Fäulnis verbreitet.

„Nein, ich werde meinen Neffen nicht weiterhin finanziell unterstützen", teilte Angelika Kauffmann ihrem Finanzverwalter Metzler am 30. Mai 1787 schriftlich mit. Trotz mehrerer Versuche fand der Neffe keine berufliche Basis, mit der er „sein Brot" selbst verdienen konnte. Dieses konsequente Nein war in dem Jahrhundert, in dem die Historienmalerin lebte, etwas sehr Unweibliches.

Frauen mussten Geldangelegenheiten ihren Vätern oder Ehemännern überlassen. Sie aber entschied bereits selbst und lehnte es auch ganz selbstbewusst ab, die Töchter eines italienischen Fürstenhauses zu unterrichten oder Zeichnungen für Friedrich Gottlieb Klopstock anzufertigen. Jedes Nein von ihr kam als klare Ansage, ohne sich dafür zu entschuldigen und ohne dem Bittsteller eine Tür für weitere Fragen offen zu lassen. Vermutlich hatte sie sich diese Art des Umgangs bei ihren Kunden aus dem Hochadel abgeguckt. Dort war das so üblich, denn bürgerliche Normen galten in diesen Kreisen nicht.

Viel weibliches Selbstbewusstsein demonstrierte sie auch, als sie mit einem Brief vom 4. Juni 1788 den Signor Giuseppe Pelli dringend bat, ihr Selbstportrait in „Bregenzwälder Tracht" gegen ein Portrait in klassischer Kleidung auszutauschen. Das Bild hing in der berühmten Sammlung des Herzogs von Toskana in den Uffizien. Sie fand die Darstellung nicht mehr passend zu ihrem Image.

Und selbst im Alter von fünfundsechzig Jahren schaltete sie noch eine Anzeige in der Zeitschrift „Italienische Miscellen" und teilte der Öffentlichkeit mit:„ Angelika Kauffmann benachrichtigt jeden, der das Buch „Manuel des curieux" liest, dass der Artikel, welcher die Geschichte oder das Leben der Angelika Kauffmann betrifft, durchaus falsch ist. ...". In dem Buch von Michel Huber „Handbuch für Kunstliebhaber und Sammler" waren einige biographische Daten falsch, aber vor allem gab es kritische Kommentare zu ihren künstlerischen Qualitäten. Zum

Beispiel könne sie keine Helden malen und grundsätzlich fehlten ihr anatomische Kenntnisse. So wollte die erfolgreiche Malerin nicht in die Geschichte eingehen.

Ebenso untypisch weiblich ging Madame de Pompadour gegen ihre Widersacher vor. Immer wieder kamen Spottgedichte und Pamphlete in großer Stückzahl in Umlauf, die den Ruf der Mätresse ruinieren sollten. Die anonymen Autoren dieser „Poissonnaden" (Anspielung auf ihren Geburtsnamen Poisson) beabsichtigten dem König vor Augen zu führen, wie peinlich und schädlich für sein Ansehen die Wahl dieser Favoritin war. Im persönlichen Gespräch stellte die Pompadour den Polizeiminister Berryer zur Rede, warum er nicht endlich die Verfasser ermitteln könne. „Madame, ich kenne Paris so gut, wie man es nur kennen kann, aber ich kenne nicht Versailles."

Nach diesem Hinweis war klar, das Zentrum der Intrige ist ihr ganz nah. Sie hatte ohnehin schon lange den Minister Maurepas in Verdacht. Dieser Aristokrat – seit über zwanzig Jahren im Dienst stehend – hatte in seinem Journal die Notiz gemacht: „Sie ist in exzessiver Weise gemein, eine Bürgerliche am falschen Platz, die alle Welt aus dem Amt jagen wird, wenn es nicht gelingt, sie zu vertreiben."

Die Fronten waren klar und Madame schritt zum Frontalangriff auf Maurepas und fragte ihn: „Wann also werden Sie die Autoren dieser Verse herausgefunden haben?" – „Ich werde es dem König sagen, wenn ich es weiß!" – „Sie haben wenig Achtung vor den Mätressen des Königs, Monsieur." – „Im Gegenteil, Madame, ich habe sie immer respektiert, welcher Art sie auch waren." Den Inhalt dieser Unterhaltung verbreitete er dann noch tollkühn in den Salons.

Die kalte Ernüchterung kam für Maurepas umgehend per königlichem Brief. Der Kriegsminister höchst selbst überbrachte das Schreiben, das seine Entlassung verfügte: „Monsieur Graf de Maurepas, versprochen habe ich Ihnen, Sie selbst zu benachrichtigen, wenn mir Ihre Dienste nicht länger angenehm sind. Ich verlange hiermit, durch meine eigene Schrift, Ihre Entlassung aus dem Amt des Staatsministers, und da Euer Landsitz Pontchartrain zu nahe bei Versailles liegt, ist es mein Wille, daß Sie sich nach Bourges zurückziehen und zwar innerhalb einer Woche, ohne jemanden außer Ihren nächsten Verwandten zu sehen. Ich wünsche keine Antwort. Überreichen Sie Ihre Demission Monsieur de Saint-Florentin. Louis."

Einige Wochen später schrieb der französische Botschafter in Rom an Madame de Pompadour und bat, dass wenigstens seine Schwägerin, die Gemahlin Maurepas', ihre medizinische Behandlung in Paris fortsetzen dürfe. Obwohl Madame den Herzog de Nivernais gut kannte, schon einige Male mit ihm Theater gespielt hatte, wurde die Bitte abgelehnt.

Leider erschienen auch nach der Entlassung des Ministers im Jahr 1749 weiterhin die Poissonnaden. Verhaftet wurde ein Chevalier de Rességnier. Es fehlten eindeutige Beweise, aber er landete für zwanzig Jahre in der Bastille. Die volle Härte der Mätresse war jedem sicher, der sie verleumdete oder verspottete. Weibliches Harmoniebedürfnis leistete sie sich in ihrer einsamen Spitzenposition nicht.

Nicht ganz so spektakulär, aber mit gleicher Konsequenz erfolgte in Bonn die „Versetzung in den einstweiligen Ruhestand" für den beamteten Staatssekretär Clemens Stroetmann. Er hatte die neue Bundesumweltministerin bei ihrem Antrittsbesuch mit den Worten begrüßt: „Frau Dr. Merkel, wir werden das hier schon machen." Diese klare Kritik am mangelnden Sachverstand und der fehlenden Kompetenz der neuen Chefin des Hauses konnte auch in seiner sicher gut gemeinten Begrüßungsfloskel nicht versteckt werden. Am 6. Januar 1995 teilte sie ihm seine Entlassung mit. Von der Vereidigung der Ministerin am 17. November 1994 eine kurze Zeit, denn die Entlassung setzte die Zustimmung des Kanzlers und des Bundespräsidenten voraus.

Personelle Umbrüche in größerem Ausmaß gab es unter ihr auch schon im Bundesministerium für Frauen und Jugend. Da wechselte sie kurz nach dem Amtsantritt den Leiter des Ministerbüros, Joachim Wilbers, und die Referentin, Katharina Schöllgen, aus, entließ den Abteilungsleiter „Jugend" Warnfried Dettling und die Abteilungsleiterin „Frauenpolitik" Beate Schöpp-Schilling-Redmann.

Für Führungskräfte, wie zum Beispiel eine Ministerin, ist die Auswahl von Personal sehr wichtig und von existenzieller Bedeutung. Frauen müssen diesen Instinkt haben und ihm auch konsequent nachgeben. Manche trauen sich nicht – sie könnten nicht mehr als „nett" gelten – oder versuchen mit viel mütterlicher Zuwendung alles in Liebe und Harmonie auszubalancieren. Ein Kraftakt, der völlig vom eigenen Ziel abhält.

Im absolutistischen Russland des 18. Jahrhunderts wurden Personalien nicht nur von Männern, sondern auch von Frauen des Hochadels sehr drastisch gelöst. Siebzehn lange Jahre lang von ihrem Ehemann genervt und gedemütigt hatte die geborene Prinzessin von Anhalt-Zerbst nur die Wahl zwischen endlosen weiteren Jahren im goldenen Kämmerlein der Bedeutungslosigkeit oder einem Leben als Zarin auf dem Thron. Sie entschied sich für den Thron, der Ehemann wurde mit einem Putsch entmachtet und starb in Gefangenschaft einen ungeklärten Tod. Sie regierte als Katharina II., später in der Geschichte als Katharina die Große bezeichnet.

Für Frauen ist der Umgang mit einem Kritiker oder einem Nassauer – also mit Feinden – immer ein Problem. Mädchen werden zum Ausgleich erzogen. Der Ausgleich wird gesucht, jeder faule Kompromiss ist recht, wenn er nur Harmonie verspricht. Mädchen wollen geliebt werden, das ist ihr Problem.

Eine klare und unaufgeregt ausgesprochene Absage oder Kündigung der Zusammenarbeit gilt heute noch als unweiblich und macht Frauen auch große innere Schwierigkeiten. Es sei denn, die Erziehung spielte sich bei den oberen Zehntausend ab. So wie bei Jackie Bouvier, verheiratete Kennedy.

Zwei Tage nach dem Amtsantritt des Präsidenten Jack Kennedy bat sie am 22. Januar 1961 im Weißen Haus um Vorstellung des Personals. Lässig saß sie in Reiterhose, Hemd, Stiefeln und wirrem Haar auf der Kante eines Schreibtisches. Die Angestellten wurden wie bei einer Audienz nacheinander aufgerufen und mit Name und Aufgabenbereich vorgestellt. Die Haushälterin äußerte danach im Kreise ihrer Kollegen: „Woher wusste sie überhaupt, wen sie vor sich hatte, mit all diesem Haar, das ihr übers Gesicht fiel?“ Die Dame war zum nächsten Ersten ihren Job los.

Inszenierungen

Karneval und Maskenbälle sind nicht ohne Grund die beliebtesten Feste, denn jede Rolle kann mit Kostüm plus Gefühl noch besser in Szene gesetzt werden. In Filmen wird die Stimmung mit Musik erzeugt, mit der Wahl der entsprechenden Lokalität, aber auch für entscheidende Momente schon mal mit einem Gewitter, für die Freude des Wiedersehens scheint die Sonne und Blumen blühen, den ersten Kuss gibt es bei Kerzenschein. Weibliche Diplomatie verzichtet im alltäglichen Leben nicht auf überlegte Inszenierung.

Die Narzisstin sagt: „Ich ziehe an, was mir gefällt!
Hauptsache ich fühle mich wohl und es ist die neueste Mode."

Die Diplomatin fragt: „Was ziehe ich an, wie spreche ich, wie gebe ich mich, um mein Ziel erreichen zu können?"

Die Kunst der Pose

„Jeder sieht, was du scheinst. Nur wenige fühlen, was du bist. Diese wenigen wagen nicht, sich der Meinung der großen Masse entgegenzustellen." (Machiavelli)

Wer heute gut von der inszenierten „Pose" lebt, ist Paris Hilton. Die personifizierte Banalität wurde durch Geschichten und Gerüchte zur „Marke". Nähern sich ihr Fotografen, dann verschränkt sie die Beine, denn das verdeckt geschickt ihre zu großen Füße und wirkt mädchenhaft unschuldig. Frei nach dem Motto: „Ich kann nichts dafür, dass sich alle für mich interessieren." Natürlich will sie aber, dass alle sich für sie interessieren, denn das steigert ihren Marktwert und bringt lukrative Werbeverträge.

Die bekannteste Meisterin der Kunst mit Posen war Lady Hamilton, die Ehefrau des englischen Botschafters in Neapel. Über die Gastgeberin schrieb Goethe in sein „Tagebuch der italienischen Reise 1786" nach einem Besuch im Haus des Botschafters: „Sie ist sehr schön und wohl gebaut. Ritter Hamilton hat ihr ein griechisch Gewand machen lassen, das sie trefflich kleidet; dazu löst sie ihre Haare auf, nimmt ein paar Schals und macht eine Abwechslung von Stellungen, Gebärden, Mienen usw., daß man zuletzt wirklich meint, man träume. Man schaut, was so viele Künstler gerne geleistet hätten, hier ganz fertig, in Bewegung und überraschender Abwechslung. ... – So viel ist gewiss, der Spaß ist einzig! Heute früh malt sie Tischbein."

In ihrem Skizzenbuch hielt Lady Hamilton akribisch genau alle Kostüme und Stellungen fest, die sie bei Theatervorstellungen gesehen hatte. Gesichter zeichnete sie nicht. Die passende Mimik zu Person und Situation gelang ihr später selbst, indem sie sich in die Rolle mit Gefühl hineinversetzte. Es kam ihr vor allem auf Haltung und Kostüm an, um die jeweilige Situation nachstellen zu können.

Keine europäische Frau hat vermutlich je so viele Maler gefunden wie Lady Hamilton, denn sie war sehr schön und wohl gebaut und konnte außerdem viele verschiedene Gefühle mit Körperhaltung und Mimik ausdrücken. Alle Männer, die sie in ihren Bann zog, waren fasziniert von ihrer Schönheit und Wandlungsfähigkeit. Keiner attestierte ihr Intellekt oder Bildung. Zufall? Wahrheit? Männliche Wahrnehmung?

Wahrscheinlich ja, denn sie hatte als Tochter eines Schmiedes in jungen Jahren nicht viel Bildung erhalten, aber mit 19 Jahren nahm sie Charles Greville in sein Haus auf. Er ergänzte ihre mangelhafte Schulbildung und brachte ihr gesellschaftliche Umgangsformen bei. Anders ist es auch nicht zu erklären, dass sie als spätere Gattin des englischen Gesandten so bravourös das damals in Mode gekommene Attitüdenspiel beherrschte und bei abendlichen Festen darbot. Wie sollte sie sonst ohne Bildung und unter Einsatz intellektueller Raffinesse so perfekt eine Antigone, eine Vestalin oder Psyche in Pose setzen? Für verschiedene Bildmotive stand sie Johann Heinrich Wilhelm Tischbein Modell und er notierte: „Sie hatte die Züge ihres Gesichtes so in der Gewalt, daß sie die Leidenschaften und Empfindungen aufs deutlichste ausdrücken konnte. Zu allen Köpfen hatte sie mir den Ausdruck von dem Seelenzustande einer jeden Person vielmals dargestellt, sodaß ich ihn nur nachzubilden brauchte."

Später verfiel ihr Lord Nelson. Zwei Jahre lang machte der Nationalheld seiner Regierung klar, dass er Neapel mit seiner Flotte auf keinen Fall verlassen könne, denn der Stützpunkt sei zu wichtig. An seinen Vorgesetzten schreibt er ganz erstaunliche Briefe: „Wundern Sie sich nicht über die sonderbare Verwirrung, die in diesem Briefe herrscht. Während ich schreibe, sitzt Lady Hamilton mir gegenüber. Wenn Eure Lordschaft an meiner Stelle wäre, so zweifle ich sehr, daß sie besser zu schreiben vermöchten. In einer solchen Lage kann das Herz wohl klopfen und die Hand zittern."

Die Epoche, der als Kunst in Szene gesetzten Pose, ist vorbei, aber trotzdem setzen Frauen auch heute ihre Haltung, ihre Sprache, ihre Kleidung und ihren Gesichtsausdruck als Waffe weiblicher Diplomatie ein. Speziell die Bekleidung ist immer noch

„Auftrittskostüm oder Uniform“ und dient nicht nur praktischen Zwecken wie dem Schutz vor Kälte oder Nässe. Selten dient sie reiner Putzsucht, aber immer bekundet sie Respekt für den anderen. Wer sich angemessen kleidet, zollt seinen Kollegen, seinem Gastgeber, seinem Chef und natürlich dem ersehnten Mann sichtbaren Respekt. Das stimmt ihn wohlwollend und dankbar. Wer fühlt sich respektiert nicht gut?

Sehr respektvoll in diesem Sinne ging Margaret Thatcher mit den Männern in Partei und Regierung um. Sie erschien immer ladylike in Kostüm und Haltung. Männer fanden den Umgang mit ihr aufregend und benahmen sich ganz und gar so, wie sie es auf ihren englischen Elite-Internaten gelernt hatten. Verbal wehren konnten sie sich in Konferenzen schlecht, denn Internatsschüler streiten nicht mit Frauen. Das wusste sie und nutzte es geschickt aus, denn ein englischer Mann fühlt sich nur als Gentleman gut. Mitglieder ihres Kabinetts äußerten öffentlich: „Sie ruft in uns eine ritterliche Ergebenheit hervor.“

Das Symbol ihrer Weiblichkeit war die Handtasche. Nie wäre sie mit einem Aktenkoffer oder einem Stoß Unterlagen erschienen. Demonstrativ stellte sie die „Waffe“ auf den Tisch. „Immer zieht sie einen Killer raus, einen Brief, ein Fax oder einen Zettel mit der entscheidenden Information überhaupt“, erzählten ihre Minister.

Immer erschien sie im Maßkostüm oder Jackenkleid, immer in dezenten Farben und aus Stoffen von bester Qualität, mit exquisiten Schuhen, frisch frisiert, nie in Hetze und mit besagter „Waffe“ – der passenden Handtasche. In der Freizeit zeigte sie sich schon mal mit dem typischen Kopftuch einer Lady des englischen Landadels. Aufreizende Kleidung und weibliche Hektik sind in diesem Milieu verpönt, denn Frauen, die Männer in ein „Ritterturnier“ schicken wollen, müssen selbst „Edelfrauen“ sein.

Für die richtige Wahl der Garderobe gibt es zwar geschriebene und ungeschriebene Gesetze, die weitgehend eingehalten werden sollten, aber Priorität haben der eigene Typ und das Ziel des „Auftritts“. Wer in den „Einheitsbrei der Mode“ eintaucht, vergibt seine persönlichen Ausdrucksmöglichkeiten. Profil und Persönlichkeit werden unkenntlich, so wie bei den fleißigen Arbeitsbienen. Aber gerade von diesen gibt es viele und so wundert es nicht, dass es im Kampf um die Gleichberechtigung der Geschlechter zu einer fast uniformierten Kostümierung für den täglichen Nahkampf gekommen ist. Allerdings nirgends auf der Welt so erfolgreich wie in Deutschland, auch nicht in unmittelbarer Nähe wie Frankreich oder Italien.

Sicher ist das Tragen von männlicher Kleidung nicht nur Ausdruck von: „Sieh her, ich bin wie du. Ich bin gleichberechtigt“. Nein, es ist außer Tarnkappe auch Schutzpanzer. Versteckt werden soll jede winzige Ausstrahlung von Sexappeal; geschützt werden soll sich vor billiger Anmache. Nichts kann für Frauen im Beruf gefährlicher sein, als sexuelle Lust bei männlichen Kollegen zu wecken. Ein Flirt belebt, gut und schön. Ungestilltes Verlangen führt bei Männern aber zu Rachegelüsten, die eine weibliche berufliche Laufbahn durchaus beenden können. Im Grunde kämpfen Frauen immer gegen das Vorurteil an: Schöne Frauen sind dumm, denn Klugheit und Schönheit hat die Natur nur getrennt vergeben. Wer sich da als Frau nicht völlig verleugnen will, schlittert immer auf Glatteis herum.

Die uniformierte Business-Kleidung ist somit das Ergebnis gesellschaftlicher Entwicklung (wie immer) und entspricht im Moment genau dem Zeitgeist, der ist androgyn und metrosexuell. Männer verweiblichen und Frauen vermännlichen. Alles trifft sich in der neuen „Mitte“ - politisch, geistig, modisch, körperlich.

Nichts falsch machen Frauen in Kleidungsfragen, wenn sie die Tabus kennen und befolgen. Tabu sind Klamotten nach dem letzten Schrei, klappernde Armbänder, zu Enges, zu Weites, zu Kurzes, zu Langes, Kaputtes, Beflecktes, Abgeschabtes oder schief gelaufene Absätze. Absolutes Muss dagegen sind: exquisite Schuhe, exquisite Handtaschen und die Frisur muss sitzen!

Über diesen allgemeinen und sehr zeitabhängigen Regeln steht immer nur eins: Das Ziel! Welche Kostümierung für welchen Auftritt? Für welchen Typ Mann? Für welche Situation? Will sie Eva sein? Will sie Sophia oder Maria geben? Privat und im Beruf könnte als Leitmotto gelten: „Zieh dich so an, wie er sich die Frau an seiner Seite vorstellt oder als hättest du die erstrebte berufliche Position schon erreicht."

Und der Stil von Angela Merkel? Passt in die Zeit und genau in die „Mitte". In dieser „Mitte" haben die großen Volksparteien ihre Wähler ausgemacht und in der „Mitte" sind auch die politischen Kompromisse zu Hause. Auch die Hosenanzüge von Bundeskanzlerin Merkel sind nicht männlich à la Marlene Dietrich, aber auch nicht weiblich à la Valentino oder Armani. Nein, sie liegen in der „Stil-Mitte" und sind sachlich, bescheiden, konzentriert! Jetzt sind Sanierung und Ruhe angesagt, denn der Staat hat Krisen zu bewältigen.

In den früheren Jahren der politischen Laufbahn von Angela Merkel belächelten manche ihre zu weiten Röcke und die biederen Blusen, von der Frisur ganz zu schweigen. Alle Angebote für Modeberatung schlugen fehl. Niemand der selbsternannten Ratgeber erkannte, dass dieser scheinbaren Negierung jeden Stils ein tieferer Sinn innewohnte. Das fast kindlich geschlechtsneutrale Erscheinungsbild passte zum Mädchen-Image. Vor allem erzeugte es keinen Neid bei Frauen und keine Sexgelüste bei Männern. Nur so geschützt konnte sie den steilen Weg nach oben in kürzester Zeit schaffen. Außerdem galten gut gestylte Frauen in der ehemaligen DDR als dekadent und geistig nur mit begrenztem Horizont gesegnet. Wer intellektuell als Frau etwas auf sich hielt, tarnte lieber seine Weiblichkeit. Die Kombination „klug und unsexy" stand höher im Kurs als „dumm und sexy".

Die goldene Zeit der Mitte geht zwar fast schon zu Ende, aber im Moment tummelt sich alles noch genau dort und Angela Merkel passt perfekt, weil sie authentisch ist. Sie ist so! Sie hat sich nicht verbogen oder verstellt, um die „Mitte" zu personifizieren. Sie muss sich nicht in diese Strömung hineinzwängen wie viele andere, die mit dieser Anpassung ihre meiste Energie verbrauchen. Die Hofhaltung in Berlin ist sachlich, bescheiden, konzentriert. Das färbt ab auf Verbände, Unternehmen, auf jeden Einzelnen, und das ist gut so. Von Schaumschlägern, Zweckoptimisten und Selbstdarstellern, die immer und bei allem Spaß haben wollen, hatte dieses Land genug.

Trotzdem ist es selbstverständlich, dass auch Posen und Gesten von Angela Merkel für öffentliche Auftritte trainiert werden. Natürlich nicht im Ballettunterricht wie der weibliche Nachwuchs in früheren Zeiten, sondern mit Rhetorikprofis und Schauspielern, die über Sprache und Körperhaltungen alles wissen und vorführen können. Es werden keine Haltungen und Stellungen nach antiken Vorbildern im Stil einer Lady Hamilton eingeübt, denn nicht der Klassizismus bestimmt heute den Geschmack. Es wird im Stil der „Mitte“ posiert.

Die Aura der Begehrenswerten

„Der Pöbel hält sich immer an den Schein und den Erfolg; und in der Welt gibt es nur Pöbel.“ (Machiavelli)

Frauen, die begehrenswert sein wollen, sollten auf ihren guten Ruf achten, dem aber noch etwas besonders Schillerndes hinzufügen. Persönlichkeit und Profil sind gefragt, sonst wird es langweilig, und das macht männliche Jäger müde.

Madame de Genlis führte im Salon eines Berliner Kaufmanns meisterhaft ein Theaterspiel vor. Der Hausherr lobte begeistert die Darstellung und Madame antwortete lächelnd und nicht ohne Zweideutigkeit: „Ich habe mein Leben lang Theater gespielt.“ Die Gräfin war eine erfolgreiche Salonière, gründete zehn Salons, den ersten 1761 in Paris. Während die meisten Gastgeberinnen dieser Zeit ihre Gäste zur Konversation einluden und animierten, nutzte sie die Geselligkeit, um sich selbst und ihre eigene Kreativität vorzuführen. Sie spielte auf dem Flügel, zupfte die Harfe, führte kleine Theaterstücke auf oder las aus eigenen Texten vor.

Und sie hatte Erfolg damit, denn durch ihre künstlerischen Talente, ihre enorme Bildung und ihren analytischen Verstand wurde sie sehr berühmt. Zeitweise erzog sie den zukünftigen „Bürgerkönig“ Louis Philippe oder ließ sich von Napoleon als persönliche Korrespondentin beschäftigen. Der Herzog von Chartres holte sie sogar als erste Frau in die Freimaurerloge von Paris. In der zweiten Hälfte ihres Lebens widmete sie sich ausschließlich dem Schreiben und hinterließ nicht weniger als einhundertvierzig Bände.

Noch berühmter mit ihrer Selbstinszenierung wurde Juliette Récamier. Sie führte ihren Salon politisch neutral und zog die literarischen „Schöngeister“ an, aber auch Generäle wie Bernadotte und Moreau, Diplomaten wie Metternich oder Maler wie David und Gérard, dessen Portrait von ihr heute im Louvre hängt. Sie war nicht nur sehr schön, sondern konnte nach Aussage von Sainte-Beuve „verführerisch zuhören und hatte die Koketterie eines Engels.“

Schon während ihrer Ehe mit dem Bankier Jacques Récamier hatte sie glühende Verehrer. August von Preußen hätte es sehr gern gesehen, wenn sie sich hätte scheiden lassen, um ihn zu heiraten. Weder er noch andere hatten Erfolg. Auch nicht Lucien Bonaparte, ein Bruder Napoleons. Er wurde nicht abgewiesen, aber auch nicht erhört. Mit dieser anmutigen Kunst, leidenschaftliche Verehrer zu zähmen, blieb sie die „Unerreichbare“ und das stimmte die Männer weiterhin hingebungsvoll und nicht verärgert. Die Kontakte blieben bestehen, die „allseits so Begehrte“ schenkte ihnen weiterhin ihre uneingeschränkte Aufmerksamkeit.

Selbstinszenierung wird heute Image genannt und ist meistens ein von PR-Agenturen gestricktes Gebilde aus Geschichten und Gerüchten. Der so gesteigerte „Marktwert von Personen“ ist sehr en vogue bei Schauspielern, Models und Politikern, um die Höhe der Honorare zu puschen oder die Wiederwahl zu garantieren.

Auch Frauen, die schon „ganz oben“ angekommen sind und bereits einen „Marktwert“ haben, basteln sich gern ein Image.

Kaiserin Sisi inszenierte sich als „Schönste Frau der Zeit". Die Titel „Kaiserin von Österreich" und „Königin von Ungarn" wollte sie noch mit einem Titel steigern, den sie sich selbst „erarbeitet" hatte. Sie sammelte fleißig Bilder schöner Frauen aus Bildbänden und Modezeitschriften, um Stilsicherheit zu gewinnen.

Nur von den besten Malern und Fotografen ließ sie sich portraitieren. Zusätzlich wurden die Aufnahmen retuschiert. In Szene setzen ließ sie sich mit opulenten Kleidern, luxuriösen Möbeln, majestätischen Hunden oder Pferden und natürlich aufwendigen Frisuren. Zwei Stunden dauerte täglich das Frisieren. Nach ihrem zweiunddreißigsten Geburtstag gab es auf ihre ausdrückliche Anweisung hin kein Portrait mehr, weder als Foto noch als Gemälde. „Ich sah ein gealtertes Frauengesicht. Von Schönheit sah ich nichts", gab ihr Mörder Luigi Lucheni, am 9. September 1898 in Genf zu Protokoll. Der Mythos „Schönste Frau" blieb trotzdem über ihren Tod hinaus.

Oder Marlene Dietrich. Dieser pummelige Jungstar avisierte kurz nach dem Welterfolg in „Der blaue Engel" zum optischen Engel. Blondiert, plötzlich sehr schlank und aufregend unterschiedlich gekleidet, erschien sie als androgyne Unnahbare oder als Femme fatale. Das Ganze gemischt mit Geschichten und Gerüchten über Liebschaften mit Männern oder auch mit Frauen. Im Alter praktizierte sie den absoluten Rückzug, um das Image nicht zu beschädigen. Nur Maximilian Schell durfte sie kurz vor ihrem Tod in ihrem Pariser Appartement interviewen. Fotos? Verboten! Auch Schell gab keine Auskünfte über ihr Aussehen. Ganz Gentleman. Das wusste sie, darauf konnte sie sich verlassen. Niemanden sonst hätte sie zu einem Gespräch empfangen.

Der so genannte „gute Ruf" kann Bestandteil einer Selbstinszenierung sein und vor üblen Gerüchten, die für die positive Aura tödlich sind, schützen. Er kann auch „Türen" für Verhandlungen öffnen, denn alles im Leben ist Verhandlung, auch in der Liebe und im Beruf. Als Verhandlungsmasse kann ein „guter Ruf" nur dann wichtig sein, wenn er aus Charakterstärke und Souveränität besteht und nicht nur aus den früher üblichen „Kopfnoten“ auf Schulzeugnissen. Wer als fleißig, ordentlich und sauber gilt, stellt sich per se schon in eine brave Dulderposition.

Geißeln lässt sich eine Diplomatin mit dem „guten Ruf“ nicht. Das machen nur Lieschen Müller und andere Kleinbürger. Sie sind ständig darauf bedacht, was andere über sie denken und vor allem sagen. Das muss möglichst der gesellschaftlichen Norm entsprechen oder diese vorbildhaft übertreffen. Die früher üblichen „Kopfnoten“ in den Schulzeugnissen sollten schon ein „gut“ oder „sehr gut“ in den Augen der Nachbarn aufweisen. Umso krampfhafter jemand seinen „guten Ruf“ verteidigt, notfalls per Gericht, desto spießbürgerlicher ist seine Geisteshaltung. Das ist kein Maßstab für gestandene Frauen, da stehen sie einfach drüber.

Wichtigste Aufgabe für den täglichen beruflichen „Auftritt“ oder die „Attacke“ auf den Auserwählten ist für jede Frau die selbstsichere, siegreiche Ausstrahlung. Wer angestrengt wie Lieschen Müller wirkt, strengt auch andere an. Von Anstrengung hat jeder aber schon selbst genug. Die Könnerinnen verschließen ihre Sorgen, Probleme und Komplexe gedanklich zu Hause in einer „Schatulle“ und holen sie nur raus, wenn sie allein sind.

Männer „laufen“ nur Frauen nach, die wie eine Sonne strahlen; Blondinen bevorzugt. Das ist ein menschlicher Urinstinkt. Jeder glaubt, dass das Licht einer positiven Aura auch auf den strahlt, der in der Nähe ist. Alle Menschen, nicht nur Männer, laufen deshalb den Schönen und Reichen nach. Jedenfalls denen, die das glaubhaft ausstrahlen.

Die Aura der Geheimnisvollen

„Wenn die Ehegatten nicht beisammen lebten, würden die guten Ehen häufiger sein."
(Friedrich Nietzsche)

„Welches Geheimnis verbirgt sich hinter diesem Blick?" Das waren die Schlagzeilen der Boulevardzeitschriften. Auf der Titelseite: Caroline von Monaco und diese traurigen Augen. Wer war davon nicht fasziniert?

Das kleine, möglichst traurige, Geheimnis ist besonders „bindend". Lieschen Müller will natürlich über alles reden, alles anderen anvertrauen und missbraucht ihren Freund, eventuell ihren Kollegen, womöglich ihren Chef, auf jeden Fall aber ihren Ehemann, als Beichtvater. „Lass uns reden" ist der moderne und so entsetzlich falsche Satz.

Dabei hat doch mit Sicherheit jede Frau mindestens ein Geheimnis. Sie sollte es behalten und wie ihren Augapfel hüten. Bei manchen ist es die Herkunft oder der private Kontostand, bei anderen vielleicht eine unerfüllte Liebe. Jedes Geheimnis gibt ihr die gewisse Aura.

Immer müssen andere, auch der intime Liebespartner, das Gefühl haben, dass sie nicht alles wissen. Wenn da immer noch ein Rätsel bleibt, das er lösen will, bleibt die Beziehung interessant. Jeder Mann, den eine Frau an sich binden will, egal ob in Beruf oder Liebe, möchte mehr wissen und sucht aktiv ihre Nähe. Sie muss nicht um seine Aufmerksamkeit buhlen, denn seine Neugier wirkt wie Klebstoff.

„Wenn ich in den nächsten acht Tagen keinen Brief von Dir bekomme, breche ich den Feldzug ab und komme nach Paris zurück", schrieb Napoleon an Joséphine. Nach seiner Vermählung mit der sechs Jahre älteren Witwe de Beauharnais war der sechsundzwanzigjährige General in Leidenschaft entbrannt. Er fürchtete, sie könne in Paris ein Leben zwischen Bällen, Theateraufführungen und Salongeplauder führen. „Ich bin unzufrieden mit Dir. Dein letzter Brief ist kalt wie die Freundschaft", schrieb Napoleon. Sie antwortete wieder kurz, sprach ihn mit „Sie" und nicht mit „Du" an. Und er?

„Immerzu denke ich an Dich. Ich stelle mir vor, was Du wohl tust. Sehe ich Dich traurig, so bricht mir fast das Herz, und ich leide grenzenlos. Weiß ich Dich heiter, ausgelassen im Kreise Deiner Freunde, so werfe ich Dir vor, wie schnell Du Dich über die Trennung hinweggesetzt hast. Dann halte ich Dich für leichtfertig, oberflächlich, keines echten Gefühls fähig."

Joséphine, diesen Kosenamen gab ihr Napoleon, spielte das Spiel zwischen Nähe und Distanz perfekt. Das war auch notwendig, um den Mann bei Spannung zu halten, denn die Ehe war arrangiert und wurde nicht aus Liebe geschlossen. Im Vorfeld hatte sich Joséphine sogar zu einem in die Geschichte eingegangenen „Billett" hinreißen lassen, weil sich Napoleon nach ersten Gesprächen rargemacht hatte. „Warum kommen Sie nicht mehr zu einer Freundin, die Sie gern hat und die Sie ganz und gar im Stich gelassen haben, Sie tun ihr Unrecht, denn sie ist Ihnen zärtlich zugetan ... Ich muss Sie sehen und mit Ihnen über Ihre Anliegen sprechen."

Sie hatte sich ihm mehr oder weniger direkt an den Hals geworfen, denn sie wollte die Ehe mit ihm mehr als er. Verständlich, denn als Witwe drohte sonst ein ödes Leben ohne gesellschaftliche Ablenkungen. Da kam der aufstrebende General gerade recht. Standesgemäß war sie dem vom Lande stammenden Korsen überlegen, bezeichnete ihn manchmal als „gestiefelten Kater" und glaubte, während einer Ehe leichtes Spiel mit ihm zu haben. Zwei Tage nach der Trauung, die am 9. März 1796 innerhalb von fünf Minuten vollzogen wurde, reiste der Bräutigam zu seiner Italienarmee nach Nizza. Der Ex-Liebhaber der Braut – Paul Barras – hatte ihn aus Dankbarkeit, dass seine Mätresse gut unter die Haube gekommen war, zum Chefgeneral gemacht. Während für die Braut alles wie geplant abgelaufen war, konnte sie jetzt gegenüber dem Ehemann Distanz schaffen und sich von der „Unterwerfungsgeste“ erholen. Sie stellte ihr seelisches Gleichgewicht wieder her und „kühlte ab“.

Das machte sie für ihn wiederum zunehmend interessant, denn er war „leidenschaftlich in sie verliebt“. Geschickt hatte die erfahrene, anmutige Frau ihre weiblichen Reize eingesetzt, Charme und Esprit versprüht, um den mit Frauen unerfahrenen Napoleon in ihren Bann zu schlagen. Es gelang. Nach einer Liebesnacht schrieb er ihr: „Du hast meine Sinne berauscht, süße und unvergleichliche Joséphine!“ Seitdem nannte er sie nicht mehr mit ihrem Taufnamen Marie Josephe Rose, sondern Joséphine. Allerdings spürte er bereits in dieser Nacht, was ihn dann ewig umtreiben sollte: „Ach, in dieser Nacht habe ich erkennen müssen, daß ich mit Ihrem Bild nicht Sie selbst besitze.“

Die Gunst der Stunde

„Carpe diem – nutze den Tag“. (Horaz)

Zur richtigen Zeit am richtigen Ort und die richtige Entscheidung getroffen, das ist die Kunst des Lebens. Eine kluge Frau setzt sich nicht an einen kleinen Bach, um Lachse oder Haie zu angeln, denn da kommen keine vorbei.

Manchmal kommt allerdings auch ein glücklicher Zufall zu Hilfe. So wie bei der jungen Angela Merkel, die als politisch unbeschriebenes Blatt rein zufällig Herrn Lothar de Maizière kannte, der sie in die politische Karriere der CDU hievte.

Manchmal wird die Gunst der Stunde auch inszeniert. Nicht zufällig badete Bathseba in Sichtweite von König David. Sie hätte auch zu Hause baden können. Ebenso strategisch inszeniert waren die Spazierfahrten von Madame de Pompadour im Jagdgebiet von König Ludwig XV. In einer pinkfarbenen Robe und der passenden blauen Kutsche kreuzte sie mehrfach seinen Weg und weckte seine Neugier.

Ob Maria Eva Duarte (später Evita Perón) rein zufällig an jenem Bankett am Tisch des Ministers Perón saß, kann auch bezweifelt werden. Nicht lange überlegt, sondern die Gunst der Stunde genutzt, hat auf jeden Fall Christiane Vulpius, als sie Goethe an der Brücke über die Ilm abpasste.

Noch nie hat Lieschen Müller etwas von der „Gunst der Stunde" gehört. Kommt ihr Mann nach Hause, überfällt sie ihn mit unerfreulichen Geschichten aus dem Supermarkt oder Querelen, die sie mit den Kindern hatte. Womöglich hetzt sie auch noch verschwitzt und in der Jogginghose mit dem Staubsauger durch das Wohnzimmer.

Ganz anders macht es natürlich die Diplomatin. Sie hat weder Probleme noch Migräne, sondern gibt ihm Zeit, sich in häuslicher Geborgenheit zu entspannen, verwöhnt ihn mit guter Laune und einem schön gedeckten Tisch. Er muss gerne nach Hause kommen, sich darauf freuen und nicht Angst vor neuen Hiobsbotschaften haben. Wer das als moderne Frau heute nicht machen möchte, sollte auf das Zusammenleben mit einem Partner verzichten. Der Vorteil dieser Strategie besteht darin, dass man selbst ein angenehmeres Leben hat, wenn er gute Laune hat.

Die großen Kurtisanen der Geschichte lebten das Hier und Jetzt gekonnt aus. Vielleicht, weil sie alle trostlose Zeiten hinter sich hatten. Sie zelebrierten die momentane Situation so angenehm wie möglich, so als wäre es die letzte Begegnung.

Wann immer König Karl II. von England seine Geliebte, die Schauspielerin Nell Gwyn, besuchte, wurde er mit Essen, Trinken und ausnahmslos guter Laune königlich unterhalten. Die Komödie war ihr Hauptfach. Nell hatte Witz und Charme, war leicht frivol, manchmal respektlos gegenüber anderen und gegenüber gesellschaftlichen Normen. Das brachte Karl die ersehnte Entspannung aus seinem täglichen Pflichtprogramm.

Die Tochter eines Fischhändlers hatte erst Obst und Süßigkeiten im Theater verkauft, schlief dann mit zwei Schauspielern und dem Dramaturgen und bekam daraufhin ihre ersten eigenen Rollen. Als der König sie 1668 abends im Theater sah, war sie achtzehn Jahre alt und spielte eine ziemlich schamlose Rolle. Der König war begeistert und lud sie ein, denn er wollte sie haben.

Dabei mangelte es ihm nie an Gespielinnen. Historiker nannten die Zeit seiner Regentschaft die „Herrschaft der Unterröcke". Niemand dachte, dass aus der Affäre mit Nell mehr als eine Nacht würde. Aber es war ihm unmöglich, dieser Person zu widerstehen, die ihm stets Freude bereitete. Er machte sie zu seiner offiziellen Favoritin. Das blieb sie bis zu seinem Tod im Jahr 1685.

Bis dahin hatte er nie das Gefühl, dass ihre Zuneigung mit seiner Stellung zu tun hatte. Gerade deshalb beschenkte und versorgte er sie finanziell großzügig. Auch seine vielen illegitimen Kinder, die er mit seinen zahlreichen Geliebten hatte, wurden mit Titeln und Ländereien versorgt und geadelt. Zu deren Nachkommen gehören übrigens Prinzessin Diana und auch Camilla Parker Bowles. Seine Ehefrau, Katharina von Braganza, blieb kinderlos.

Die Kunst der großen Geste

„Wohltaten immer nur selbst und langsam verteilen, das macht mehr her und hält länger an." (Machiavelli)

„Ich bin nur eine französische Couturière, hier haben Sie zweihunderttausend Francs." Coco Chanel gab Djaghilew, dem Chef der berühmten Tanztruppe Ballets Russes, einen Scheck. Er hatte ihr berichtet, dass die Prinzessin Edmond de Polignac, die gebürtige Amerikanerin Winnaretta Singer mit dem Nähmaschinenvermögen, ihn mit fünfundsiebzigtausend Francs unterstützte, damit sich der „Vorhang wieder heben" könnte.

Chanels Geste war keine herzliche Großzügigkeit, sondern kalte Berechnung. Sie hungerte nach gesellschaftlicher Anerkennung und wusste, dass Djaghilew sofort überall von seinem „großen Glück" und der edlen Spenderin berichten würde, obwohl sie ihrerseits natürlich um Diskretion gebeten hatte!

Nicht nur das Schenken, ohne sich lange anbetteln zu lassen, auch das Verzeihen ist eine ganz große Geste und muss entsprechend zelebriert werden. Exzellent vorgeführt hat das Hillary Clinton. Ihre Rivalin Monica Lewinsky war eine Peinlichkeit. Die Lewinsky-Affäre mit Ehemann Bill war eine öffentliche Katastrophe. Und das alles in einem moralgeschwängerten Umfeld wie den USA.

Jeder erwartete, dass sie Tabula rasa macht. Geirrt! Sie verwies die Rivalin auf den Platz mit der Bezeichnung „unbedeutend". Sie ließ nicht ihr Ego raushängen, sondern stellte ihre Ehe und ihre beruflichen Ziele auf den ersten Platz. Unter vier Augen hat sie Bill, dem Präsidenten der Vereinigten Staaten von Amerika, mit Sicherheit genügend passende Worte gesagt. Öffentlich gab es die große Geste des Verzeihens. Alle waren beeindruckt und zollen ihr dafür bis heute höchsten Respekt. Fazit: Die Geste, so schwer sie ihr vielleicht gefallen ist, gereichte ihr zum Vorteil.

Anschließend begann ihre Karriere in der Politik und gipfelte in der Funktion als Außenministerin der USA. Doch sie wollte noch mehr: Präsidentin werden. Das scheiterte jedoch nicht an Männern, sondern an ihr selbst. Zu viel Ehrgeiz, speziell krampfhafter Ehrgeiz, verleitet zu Fehlern. Ungefähr so wie in dem Märchen: „Von dem Fischer un syner Fru". Dieses „Malheur" trübt nun leider die vorher so gelungene Geste, wenn in der Geschichtsschreibung über Hillary Clinton berichtet werden wird.

Auch das „Frühstück von Wolfrathshausen" war eine große Geste. Um ein Haar wäre die politische Karriere von Frau Merkel zu Ende gewesen. Medienwirksam hatten Ihre Konkurrenten bereits wieder die „Kompetenzfrage" gestellt. Sie wandelte kurz entschlossen die drohende Niederlage in einen politischen und persönlichen Erfolg um und bot Edmund Stoiber vor der Bundestagswahl im Jahr 2002 die Kanzlerkandidatur an.

Es sah so aus, als handelt sie aus Einsicht und Bescheidenheit. Aber strategisch behielt sie die Handlungshoheit. Für den neuen Bundestag nach der Wahl handelte sie im Gegenzug für sich den Vorsitz der Unionsfraktion heraus und damit die zweitmächtigste Position in der Koalition und den späteren sicheren Zugriff auf die nächste Kanzlerkandidatur. Der Plan ging auf. Sie hatte den Zugriff bereits im Jahr 2005, denn Gerhard Schröder hatte vorzeitige Neuwahlen herbeigeführt. Nach einem knappen Sieg der Unionsparteien wurde sie die erste Kanzlerin der Bundesrepublik Deutschland.

Die Kunst der geschenkten Triumphe

„Die Freigiebigkeit erwirbt einem jeden Gunst, vorzüglich wenn sie von Demut begleitet wird." (Johann Wolfgang von Goethe)

Es ist kalt im Dezember 1903 in Stockholm. Eine Sensation kündigt sich an: Zum ersten Mal in der Geschichte erhält eine Frau den Nobelpreis. Sie erhält ihn nicht allein, sondern gemeinsam mit ihrem Ehemann Pierre Curie und mit Henri Becquerel als „Anerkennung für die außerordentlichen Verdienste, die sie sich durch die Entdeckung der spontanen Radioaktivität und der Strahlungsphänomene erworben haben."

Der Preis hätte ihr allein zugestanden, der Nobelpreis für Physik, aber das war in dieser Zeit noch unvorstellbar. Das Gehirn von Frauen galt allgemein als zu klein und nicht leistungsfähig. Selbst Max Planck äußerte noch im Jahr 1897: „Amazonen sind auch auf geistigem Gebiet naturwidrig."

Aus gesundheitlichen Gründen konnte weder Marie noch Pierre an der Preisverleihung teilnehmen. Erst im Juni 1905 fuhren sie beide nach Stockholm und nahmen den Preis entgegen. Es war aber Pierre, der vor der Akademie der Wissenschaften einen Vortrag über die gemeinsame Arbeit hielt.

Marie Curie wusste, dass die Lorbeeren ihrer Forschungsarbeiten nur gemeinsam mit Männern zu erringen waren. Sie hatte 1897 mit den theoretischen Arbeiten zum Studium über die von Uran ausgesandte Strahlung begonnen und auf den Arbeiten von Becquerel aufgebaut. Mit den Techniken, die von Pierre

Curie entwickelt worden waren, weist sie nach, dass die Strahlung direkt vom Gehalt an Uran im Versuchsmaterial Pechblende abhängig ist, aber unabhängig von äußeren Einflüssen wie Temperatur oder Druck. Pierre schließt sich bereits 1898 den Forschungsarbeiten seiner Frau an. Am 18. Juli 1898 entdeckt sie ein neues Element und nennt es nach ihrem Geburtsland Polen: Polonium. Bereits im Dezember noch ein neues Element: Radium. Das Ergebnis darf sie für sich verbuchen. Trotzdem: Sie bezieht die beiden Männer in ihren Erfolg mit ein. Ganz bewusst „schenkte sie ihren Triumph", aber nur dieses eine Mal und nur, um praktisch die Nuss, das Nobelpreiskommitee, zu knacken.

Mit dieser Geste öffnete sie die Tür für weibliche Nobelpreisträgerinnen. Sie erhält acht Jahre später allein den Nobelpreis für Chemie als „Anerkennung des Verdienstes, dass sie sich um die Entdeckung der Elemente Radium und Polonium, durch die Charakterisierung des Radiums und dessen Isolierung in metallischem Zustand und durch die Untersuchungen über die Natur und die chemischen Verbindungen dieses Elements erworben hat." Zwei Nobelpreise für eine Person, diese Sensation wird sich erst ein halbes Jahrhundert später wiederholen.

Die Zahl der Frauen, die Männern Triumphe schenken, ist riesengroß. Die Zahl der Frauen, von denen das bekannt wurde, ist klitzeklein. Das liegt in der Natur der Sache. Viele Männer eilen von beruflichem Erfolg zu Erfolg und nur, weil sie eine Frau an ihrer Seite haben, die sie dazu befähigt. Sie schaffen eine harmonische Atmosphäre zu Hause, sie pflegen die Kontakte, nehmen ihnen alles Alltägliche ab, sind Ratgeberin und Seelentrösterin. Viele Frauen können Männer gut in Szene setzen. Fast ist es immer zu ihrem eigenen Vorteil. Nicht ohne Grund sehen sich Chefs gern die Frauen ihrer wichtigsten Mitarbeiter und Geschäftspartner an. An der Qualität der Frauen erkennen sie die Qualität der Männer. Bei Künstlern heißen diese „Triumphe schenkenden Frauen" gern Musen. Wie schön das klingt.

Aber auch Frauen, die schon ganz an der Spitze stehen, schenken gern Triumphe, weil sie die Kraft männlicher Ritter gut für eigene Zwecke einsetzen können. Selbst Katharina die Große inszenierte in der Runde mit ihren Ministern gern eine Situation, in der krampfhaft nach einer Lösung für ein Problem gesucht wurde. Die Lösung, die sie wünschte, offenbarte sie dabei nicht. Sie entwickelte nur die eine oder andere Idee bis zur Hälfte. Ihre Berater dachten die Sache zu Ende und glaubten, die Urheberschaft an einem Plan oder einer Einigung sei ihre eigene geistige Glanzleistung gewesen. Sie fühlten sich gut dabei und setzten die gemeinsamen Ziele nun mit Enthusiasmus um. Das war ganz im Sinne der Zarin. Kein Minister hatte das Gefühl, auf Befehl zu handeln. Das motivierte sie ungemein und das versprach mehr Erfolg.

Diese Führungsstrategie sollte heute wieder öfter in vielen modernen Büros und der beliebten Teamarbeit praktiziert werden. Anordnungen und Befehle sind dort fehl am Platz. Sie lähmen und beflügeln nicht die Motivation. Beim Militär, der Polizei oder in Kliniken ist das etwas anderes. In diesen Organisationen gibt es eine klare Hierarchie der Befehlskette und der Aufgaben, über die nicht diskutiert werden kann. Jeder weiß, was er zu tun hat. Da sind keine strategischen Überlegungen notwendig.

Fallen

Auf der Jagd wird nicht nur gepirscht, gelauert und geschossen, es werden auch Fallen gestellt. Manche finden das listig und unehrenhaft. Aber es heißt: „Rechne nicht mit der Göttin Fortuna. Setze alles auf eigene List." Diese Empfehlung ist ein Zitat aus dem „Decamerone", der Novellensammlung von Giovanni Boccaccio.

Das Wort „List" war früher nicht negativ besetzt. Es wurde wie im Chinesischen verwendet und hat dort das gleiche Zeichen wie das Wort „Weisheit". Darunter wird eine ganzheitliche und umfassende Klugheit verstanden. Mit einem Blick in die Tierwelt wird ganz bewusst die animalische Komponente ergänzt: klug wie die Schlangen, gepanzert wie die Schildkröten, schnell wie die Tiger und geduldig wie die Katzen.

Die Narzisstin sagt: „Er soll machen, was ich will!"

Die Diplomatin fragt: „Wo kann ich ihn gedanklich und gefühlsmäßig „abholen", damit er aus eigener Überzeugung und mit Eifer macht, was ich will?"

Die Venus

„Eine alte Geschichte: Sie verführte ihn dazu, daß er sie verführte." (Charles Tschopp)

Es ist die leichteste Übung der Welt, wenn eine Frau einen Mann zum Sex verführt. Jede Frau kann von zehn Männern neun ins Bett bekommen. Keine Frau muss sich, um einen Mann zum Sex zu verführen, Zeitschriften oder Bücher kaufen. Die Aktion gelingt immer. Die Frage ist nur: Gibt es etwas zu gewinnen?

Gefährlich leben vor allem mächtige und reiche Männer. Jüngstes Beispiel: Paul McCartney ging in die Venus-Falle von Heather Mills. Das in der Politik bekannteste Beispiel: Der britische Minister Profumo und das Mannequin Christine Keeler. Das geschichtlich immer wieder angeführte Beispiel: Cäsar und Kleopatra.

Als sie Cäsar verführte, hatte sie ihr Gatte und Bruder Ptolemaios XIII. – mit dem sie laut Testament ihres Vaters in einer Geschwister-Ehe regierte – in einen militärischen Machtkampf verwickelt und ihr den Zugang nach Alexandria verwehrt. Nachts gelang es ihr, sich unentdeckt in einem Teppich in den Palast schmuggeln zu lassen. Dieser wurde vor Cäsars Füßen ausgerollt, sie entstieg wie Venus – der Rest ging in die Geschichte ein. Cäsar erlag ihr. Sie wurde die alleinige Herrscherin über Ägypten und regierte die nächsten Jahre ohne den Bruder als Königin.

Der Geschichtsschreiber Cassius Dio berichtete über die damals einundzwanzigjährige Kleopatra: „Sie war eine Frau von einzigartiger Schönheit und in der Blüte ihrer Jugend einfach berückend. Sie führte auch eine gepflegte Sprache und verstand es, jedermann auf gewinnende Art zu begegnen. Herrlich war es sie anzusehen und ihr zu lauschen und sie konnte so jeden, selbst einen liebessatten Mann in bereits vorgerücktem Alter, sich gefügig machen ... Cäsar sah sie, hörte sie einige Worte sprechen und war sofort gefesselt." Noch am selben Abend wurde Kleopatra seine Geliebte. Nach Cäsars Tod kam Marc Anton, der neue Herrscher Roms, nach Ägypten. Er verfiel ihr ebenso.

Männer haben nur einen Gedanken, wenn sie Frauen sehen: Wie wäre sie im Bett? Es hat keinen Zweck, sich als Frau darüber zu mokieren. Es ist einfach so und Männer können nichts für diesen animalischen Urinstinkt. Frauen müssen diese vermeintliche Schwäche nicht ausrotten wollen, sondern sich zunutze machen. Im ersten Moment des Kennenlernens wird männliches Interesse nicht durch geistreiche Gespräche geweckt, sondern nur über seine Augen. Gefällt ihm, was er sieht, kommen seine Hormone in Wallung. Er will mehr, möglichst alles, und jetzt kann er auch zuhören.

Schahrasad erzählte nicht ohne Grund ihrem König „tausendundeine Nacht" spannende Geschichten. In der romantischen Welt orientalischer Paläste und Gärten wurden langweilige Gespielinnen nach dem Sex durch Köpfen entsorgt. Für die kluge Schahrasad ging es deshalb um nicht mehr und nicht weniger als um ihr Leben. Sie erzählte, er lauschte; ihr Leben war gerettet.

Auf erotische Verlockungen reagieren Männlein und Weiblein. Dabei ist die Triebfeder nicht der Wunsch nach purem Sex, sondern die allen innewohnende Suche nach der eigenen zweiten Hälfte der Seele. Das Streben wird zwar hormonell gesteuert, ist aber der Urtrieb nach Vereinigung zur eigenen Vervollkommnung. Stellt sich das Gefühl nach dem Sex nicht ein, ist es mit dem erotischen Zauber meist schnell vorbei.

Die berühmteste aller Venus-Fallen gehört zu den bekanntesten Badeszenen in der Kunst der Renaissance und des Barock: „Bathseba im Bade". Maler wie Cranach, Rubens und Rembrandt haben die biblische Gestalt, die Frau des Urias, auf Leinwand verewigt. Bathseba wurde die Geliebte von König David und Bibelforscher sind sich einig, sie stellte ihm eine Falle. Nicht zufällig sah er sie „... und es begab sich, daß David um den Abend aufstand von seinem Lager und sich auf dem Dach des Königshauses erging, da sah er vom Dach aus eine Frau sich waschen, und die Frau war von sehr schöner Gestalt." (2. Buch Samuel 11,2)

Noch heute wird diskutiert, ob sie den Entschluss allein fasste oder von Hintermännern dazu animiert wurde. Oft werden Venus-Fallen von politisch aktiven Gruppen ausgeklügelt, um mehr Macht über den Herrscher zu bekommen. So führten der sächsische und der polnische Adel August dem Starken die Gräfin Dönhoff zu, um den Einfluss der Gräfin Cosel auszuschalten.

Die animalische Triebfeder Sex ist der einzige Grund, warum sich Männer und Frauen überhaupt miteinander beschäftigen. Dabei gilt weibliche Aktivität nur bis kurz vor den „letzten Schritt" als klug. Über den entscheidet nur er, muss er denken. Angeflirtete Männer fühlen sich interessant und als Ritter respektiert. Ihre plumpe Anmache degradiert ihn zum Deckhengst. Das animiert nur Männer, mit denen sich Frauen gar nicht abgeben sollten.

Besser ist es also, wenn sie sich von seinen ritterlichen Verführungskünsten irritieren lässt. Ohne zu zögern, gibt sie sich überwältigt, denn sonst wird ihre Manipulation offenbar. Kokette Spielchen ihrerseits bleiben in diesem Moment außen vor. Genau so, wie es Christiane Vulpius am ersten Abend in Goethes Gartenhaus gemacht hatte oder die zukünftige Frau Perón am Abend des Wohltätigkeitsfestes. Allerdings sollten Frauen wissen, mit welchen Männern sich das Spiel lohnt.

„Wenn er dich interessiert, trete ich ihn dir ab", soll die Sopranistin Marthe Davelli zu Coco Chanel gesagt haben, denn „er ist wirklich ein bisschen zu teuer für mich." Coco nahm ihn, den gutaussehenden Vetter des letzten russischen Zaren. Der Großfürst Dmitri Pawlowitsch Romanow hatte ohnehin auf dem Fest der Davelli nur noch Augen für Coco.

Um mit ihrem Liebhaber allein zu sein, mietete sie eine Villa in Moulleau an der Bucht von Arcachon, westlich von Bordeaux. Zwei Monate Sonne und Meer, abends frische Austern und anschließend spielten sie im Kasino. Es war der längste Urlaub, den Coco je machte. Er schenkte ihr eine Perlenkette der Romanows, die er auf seiner Flucht vor der Revolution retten konnte. Sie ließ Kopien davon anfertigen und machte die „Perlenkette" berühmt und zum exquisiten Modeschmuck.

Vor Dmitri gab es bei ihr den Industriellen Etiénne Balsan. Er führte sie in die Gesellschaft ein und borgte ihr Geld für ihren ersten Hut-Salon. Mit einer Bürgschaft und einem Kredit ihres nächsten Geliebten, dem britischen Bergwerkbesitzer Arthur Capel, eröffnete sie 1911 in Paris ihr erstes Modehaus und im Seebad Deauville eine Boutique. Als er tödlich verunglückte, wollte sie „die ganze Welt nur noch in Schwarz kleiden".

Nach Dmitri folgte der verheiratete Igor Strawinski, dann Hugh Richard Arthur Grosvenor, der Herzog von Westminster, Paul Iribe und der deutsche Sonderbeauftragte in Frankreich, Günther von Dincklage. Ein Hausierer wie ihr Vater oder ein Mann ähnlicher Profession war nie dabei. Das Milieu, aus dem sie kam, mied sie wie die Pest. Immer stand Sex bei ihrer Männerwahl im Vordergrund, aber im Hintergrund nahm sie Geld oder gab Geld als geschickte Investition. Ihr eigentliches Ziel und die Triebfeder für alles war immer die Sucht nach gesellschaftlicher Akzeptanz.

Zu einem Desaster kann es kommen, wenn sich Frauen ohne besonderes Ziel und nur auf der Suche nach Zerstreuung der Illusion von Glück durch Sex hingeben. So erging es der aus dem Hochadel der Habsburger stammenden Luise von Toskana. Seit 1891 mit dem sächsischen Kronprinzen Friedrich August verheiratet, flüchtete sie in hormonellem Übermut nach Genf und alles wegen André Giron, dem Hauslehrer ihrer Kinder.

Die ausschließlich auf animalischer Begierde begonnene Affäre überdauerte nur das erste Feuer, dann war Schluss. Der Rückweg an den Hof von Dresden war versperrt. Sie verlor alles: ihre Zukunft als Kronprinzessin und Königin, alle Privilegien, ihre Kinder, die königliche finanzielle Basis und natürlich den Ehemann. Den wollte sie aber ohnehin ersetzen. Der Preis schien ihr nur nicht klar gewesen zu sein.

Nachfolgende Liebhaber, auch die Ehe mit dem jüngeren italienischen Sänger Enrico Toselli, konnten ihr weder einen auch nur annähernd vergleichbaren Rang, noch eine ihrem gewohnten Lebensstil ausreichende finanzielle Basis verschaffen. Da kam schon mal der Gerichtsvollzieher vorbei. Auch die Ehe mit Toselli wurde geschieden. Zum Glück ließ ihr Friedrich August monatlich Geld überweisen, vor allem, um die Schande einer verarmten sächsischen Kronprinzessin und der Mutter seiner sechs Kinder zu vermeiden. Den Umgang mit Geld hatte sie nie gelernt. Als durch die Wirren des Zweiten Weltkrieges die Geldanweisungen aus Sachsen nur noch unregelmäßig kamen, wurde es sehr einsam und sehr ärmlich. 1947 starb sie in ihrer Wohnung im Exil in Brüssel-Ixelles.

Der Spiegel

„Wenn wir auch der Schmeichelei keinen Glauben schenken, der Schmeichler gewinnt uns doch. Einige Dankbarkeit empfinden wir immer für den, der sich die Mühe gibt, uns angenehm zu belügen." (Marie von Ebner-Eschenbach)

Viele New Yorker waren in den siebziger Jahren des letzten Jahrhunderts beunruhigt. Der wichtigste Bahnhof, der Grand Central – erbaut 1903 bis 1913 von dem Architektenteam Warren & Wetmore – sollte abgerissen werden.

Eine New Yorkerin schrieb einen Brief an Bürgermeister Abraham Beame und bat ihn, seine Meinung zu ändern und Berufung gegen den Entschluss einer niedrigeren Instanz einzulegen. Sie kenne ihn als engagierten New Yorker, dem vor allem auch die kulturhistorischen Bauwerke am Herzen liegen. Sie könne sich nicht vorstellen, dass der Abriss mit seiner Liebe zu New York in Einklang steht.

„Ist es nicht grausam, unsere Stadt Stück für Stück sterben zu lassen? Sie all unserer stolzen Monumente zu berauben, bis von ihrer Geschichte und ihrer Schönheit nichts mehr übrig sein wird, was unsere Kinder inspirieren könnte? Wenn aber die Geschichte unserer Stadt sie nicht inspiriert, wie sollen sie dann die Kraft finden, für die Zukunft dieser Stadt zu kämpfen?"

Der Brief kam von Jackie Kennedy Onassis. Sie nahm den Bürgermeister mit Lob und nicht mit empörten Vorwürfen gefangen. Sollte er öffentlich eingestehen, dass ihm nichts an New York lag, dass er nicht so dachte und fühlte, wie sie glaubte? Natürlich setzte er sich für den Erhalt des Gebäudes ein. Natürlich erhielt der Oberste Gerichtshof mit einem Beschluss im Jahr 1978 den Denkmalschutz aufrecht und ein lange währender Kampf endete siegreich. Heute erstrahlt die zwölfstöckige Bahnhofshalle des Grand Central Terminal in restaurierter Pracht und an der Gewölbedecke funkeln zweitausendfünfhundert Sterne in Tierkreiskonstellationen.

Frau Jacqueline Kennedy Onassis (geb. Bouvier) war sehr intelligent, mehr von Verstand gesteuert als von Gefühlen, und wendete den „Spiegel" immer gezielt an. Auch bei John F. Kennedy zog der von ihr praktizierte Geisha-Trick, der in den fünfziger Jahren des 20. Jahrhunderts eine verbreitete Masche von Frauen war. Es galt, sich einen Mann mit gesellschaftlichem Status zu angeln, der vorzugsweise auch noch Geld haben sollte, richtig viel Geld. Dieser Denkansatz galt natürlich in den westeuropäischen Staaten, denn in den Staaten des Ostblocks war kein Mann mit richtig viel Geld zu bekommen. Das war nicht systemimmanent.

Zum Geisha-Trick von Jackie gehörten der richtige Blick, die zarte Stimmlage und das Zuhören. Erste Regel: Nie von sich selbst sprechen und dem Partner eigene Probleme vor „die Füße" kippen. Besser so zuhören, dass der Gesprächspartner das Gefühl bekommt, was er erzählt, sei das Interessanteste, was sie je gehört hat.

Eine Geisha spielte Kleopatra zu ihrer Zeit nicht. Sie setzte auf Prunk, Pracht und Erotik. Erst spiegelt sie Cäsar und dann Marc Anton das Bild des verführerischen Liebhabers, des Beschützers und erfolgreichen Feldherren. Das baute auf. In ihren Augen standen die Männer auf einem Podest, von dem sie nicht mehr runter wollten. An der Aufrichtigkeit Kleopatras zweifelte weder der eine noch der andere.

Cäsar verlor sie, weil Brutus ihn im römischen Senat erstach. Und das Ende mit Marc Anton? Im September 31. v. Chr. verließ Kleopatras Schiff die Seeschlacht zwischen Rom und Ägypten bei Actium und Marc Anton war klar, dass sie an seinen Sieg gegen die Römer nicht mehr glaubte. Sein Mut sank in sich zusammen. Er verließ ebenfalls das Kampfgetümmel und die Schlacht ging verloren. Sie ließ sich später tödlich von einer Schlange beißen, um nicht als Gefangene nach Rom geschleppt zu werden. Er folgte ihr in den Freitod und stürzte sich in sein Schwert.

Liebe macht bekanntlich „blind". Sie sieht nur seine guten Seiten und freut sich auf jede Stunde mit ihm. Sie achtet auf ihre Kleidung, sie duftet gut, sie hat gute Laune. Er merkt das. Es gefällt ihm. Hätte er einen Spiegel, so wie die böse Stiefmutter von Schneewittchen, dann würde dieser immer nur antworten: „Du bist der tollste Mann im ganzen Reich!"

Leider hält diese Blindheit nicht ewig an. Jetzt gilt es, mit Verstand den Adrenalinstatus trotzdem hochzuhalten. Interesse für seinen Beruf, sein Hobby, seine Sehnsüchte und unerfüllten Träume zeigen, das kann helfen. Keinesfalls dürfen Sätze fallen wie: „Lass das. Das geht nicht. Das kannst Du nicht." Erlaubt sind nur Sätze wie: „Ja, mach das. Du kannst das. Wie kann ich Dir helfen?"

Und auch nicht: „Die Polen brauchen einen polnischen König", widersprach die Cosel dem Kurfürsten von Sachsen. August der Starke wollte aber unbedingt König werden. Es gefiel ihm nicht, dass seine Mätresse anderer Meinung war. Er weiß, dass sie die außenpolitische und militärische Lage richtig einschätzt, aber er kann nicht auf sie hören, denn ihre Bedenken und Ängste sind seine eigenen, tief verborgenen Ängste. Seine Besuche bei ihr werden seltener. Er braucht jetzt Gesellschaft, die ihn aufmuntert und seine Selbstzweifel zerstreut. Das Ende der Liaison deutet sich an. Er wird sie für den Rest ihres Lebens auf die Burg Stolpen verbannen und ihren Besitz beschlagnahmen. Sie wird am Ende ihres Lebens sagen: „Ich habe ihn mehr geliebt als meine Seele".

Feldherren, Kurfürsten und Könige gibt es heute sehr selten. Schon häufiger gibt es Verleger. Auch ein solcher schaut gern in einen Spiegel, der ihn gut aussehen lässt. Besten Zugang haben Mitarbeiterinnen. Sie sind ständig mit ihm zusammen, sie arbeiten ihm zu. Sie finden toll, was er macht; sonst wären sie schon nicht mehr da. Er hätte sie entlassen oder weggelobt oder sie hätten gekündigt und sich einen anderen Job gesucht.

Diese beruflichen Paar-Konstellationen funktionieren nur, wenn er sich positiv in ihren Augen spiegeln kann. So klappte es bei der Sekretärin in Gütersloh, denn sie heiratete den Verleger, wurde Frau Mohn und später die Chefin des C. Bertelsmann Verlages – heute die Random House Verlagsgruppe. So klappte es auch bei einem Kindermädchen in Hamburg, denn dieses heiratete ihren Auftraggeber Axel Springer und erbte als Friede Springer seinen Verlag.

Die Katze

„Geduld ist zweierlei: ruhige Ertragung des Mangels,
ruhige Ertragung des Übermaßes.
Die echte Geduld zeugt von großer Elastizität." *(Novalis)*

Geduldig warten: Das ist eine ganz große Kunst. Auf Neudeutsch wird diese Kunst heute „Timing" genannt. Pikanterweise ist sie nicht erlernbar.

Könnerinnen beherrschen sie mehr intuitiv. Geistesgegenwärtig erfolgt die richtige Reaktion im entscheidenden Moment. Warten auf diesen Moment heißt nicht, in dieser Zeit passiv zu sein. Nein, es heißt alle Sinne sind hellwach, registrieren im nahen und weiteren Umfeld alles. So wie die Katzen stundenlang auf der

Lauer liegen und warten, bis sie mit einem kühnen Sprung die Beute packen. Sie liegen nicht immer schlummernd auf der Ofenbank oder lassen sich kraulen. Katzen sind Raubtiere!

Wer „Geduld als Waffe" einsetzen will, sollte es wie Margaret Thatcher machen. Egal, ob Falklandkrieg oder die Auseinandersetzungen mit den Gewerkschaften, immer war klar: Was die „eiserne Lady" öffentlich entschlossen ankündigte, das zog sie auch durch. Da wussten Freund und Feind, woran sie waren.

Diesem „Ergebnis der aktuellen Situation" ging eine geduldige Analyse voraus. Margaret Thatcher hatte Chemie studiert. Während dieses Studiums werden vor allem die genaue Recherche und der analytische Verstand geübt. Vor jedem praktischen Versuch kommen die präzise theoretische Überlegung und eine intensive Literaturrecherche. Dann wird analysiert, die Einzelteile in Menge, Art und Reaktionsvermögen genau bestimmt und alles zusammengefügt. Damit die gewünschte Reaktion auch in möglichst kurzer Zeit eintritt, müssen Druck und Temperatur erhöht oder gesenkt und eventuell ein Katalysator beigefügt werden. Natürlich darf es dabei auch Krachen, Stinken und Löcher in den Laborkittel ätzen, das ist einkalkuliert. Hauptsache, das Ergebnis stimmt.

Aus dieser Art geduldig und vorausschauend zu denken und zu planen, alle Eventualitäten einzubeziehen, zu bewerten und zu lenken, resultiert auch die gesamte Planung der politischen Karriere von Frau Thatcher. Da war nichts Zufall und nichts Glück. Da war auch niemand, der sie benutzte und wenn doch, dann dachte er es nur. Auch das Private war Bestandteil der Karriere. Die Familienidylle hielt sie eisern aufrecht. Das hatte Gründe, denn erstens ist eine verheiratete Frau mit Kindern die gesellschaftliche Norm, zweitens gilt sie als Ehefrau nicht als „Suchende" und bleibt so vor männlichen Zudringlichkeiten weitgehend verschont. Das ist wichtig, denn abgewiesene Verehrer können gefährlich werden, da sie sich oft mit Verleumdungen rächen.

Es konnte ihr auch niemand unterstellen, dass sie berufliche Karriere macht, um Geld zu verdienen. Dieses Image können sich nur Verkäuferinnen, Arzthelferinnen, Sekretärinnen und Stewardessen leisten. Wer höhere Ämter im Visier hat, muss glauben machen, dass es nicht um das existenziell wichtige Geld, diesen schnöden Mammon, geht. Da geht es doch schon besser um nachhaltige und langfristige Ziele, so wie zum Beispiel um gesellschaftliche Ideale und die Aufgaben für das Land.

Ihr Ehemann Denis passte perfekt in ihr gewünschtes Bild. Er stammte aus der englischen Oberschicht, war älter, sehr distinguiert und wohlhabend, irgendwie stand er immer über allem. Manche bezeichneten ihn als Pantoffelhelden und großen Schweiger. Nach dem Tod von Denis Thatcher offenbarte seine Tochter jedoch: „Die Trottelrolle war ein Geheimplan von machiavellistischer Durchtriebenheit und sollte verhindern, dass er je in den Verdacht geraten könnte, im Hintergrund als graue Eminenz die Fäden zu ziehen." Ob das wirklich so war? Vielleicht wollte die Tochter auch nur das Image ihres Vaters aufbessern.

Auch ein sehr klares berufliches Ziel hatte Sophie von Anhalt-Zerbst. Sie wollte Zarin von Russland werden. Der Plan schien nach der Eheschließung mit dem Thronfolger zeitweise gefährdet, aber sie übte sich in aktiver Geduld. Wirklich sehr lange auf der Lauer gelegen – ganze siebzehn Jahre – hat sie dann, bis sie Katharina II. wurde. Erst nach einem Offiziersputsch, dem Sturz und der Ermordung ihres Gatten Peter III., wurde sie zur alleinigen Herrscherin.

Gewartet hatte sie geduldig, aber alles andere als desinteressiert. Sie hatte genau die politischen Entwicklungen verfolgt und die Ziele verschiedener Machtgruppen, wie der Armee, des Adels und der Kirche, analysiert. Im Moment der Machtergreifung handelte sie entschlossen, mutig und konsequent. So wie Katzen blitzschnell ihre Beute erlegen.

Die Zeit für den richtigen Moment kann aber auch ganz kurz sein. Es muss auch kein Putsch sein, es kann ein Blick sein. Historisch nur vage überliefert, aber gut vorstellbar, ist das Kennenlernen von Marie Duplessis und dem Grafen Édouard de

Perregeaux auf einem Opernball in Paris im Jahre 1841. Während der Regierungszeit des „Bürgerkönigs“ Louis Philippe hatten nicht mehr nur die reichsten und angesehensten Familien Zutritt zur Oper, sondern alle Gesellschaftsschichten.

Nur deshalb war es der Kurtisane Marie möglich, den Ball zu besuchen. In ein Gespräch vertieft, soll sie in ihrem Rücken den Blick eines Mannes gespürt haben. Sie drehte sich nicht sofort um. Als sie sich aber umdrehte, schaute sie ihm direkt in die Augen und ihr Blick hielt stand. Ungewöhnlich in einer Zeit, in der die Damen eher den Blick senkten. Auch er setzte sich jetzt über Vorschriften und Erziehung hinweg und blickte ihr in die Augen, ohne sein Interesse zu verstecken. Er lachte, sie lachte und wendete sich wieder ab.

Die Geschichte gipfelt in einer Hochzeit. Leider stirbt die junge Ehefrau nach einem Jahr an Tuberkulose. Ihre Biographie haben Künstler wie Giuseppe Verdi zur Oper „La Traviata“ und den Schriftsteller Alexandre Dumas d. J. zum Roman „Die Kameliendame“ inspiriert.

Ein Putsch im richtigen Moment brachte Katharina die absolutistische Macht. Ein Blick im richtigen Moment brachte Marie Duplessis einen reichen Ehemann mit hohem Sozialprestige. Ein Bild zur richtigen Zeit am richtigen Ort brachte Tamara de Lempicka finanzielle Unabhängigkeit durch eigene Leistung und das war für Frauen in den zwanziger und dreißiger Jahren des letzten Jahrhunderts sehr, sehr selten.

Die „Pinsel-Baronin“ war künstlerisch wegweisend und kreierte ihren eigenen Stil, der den Zeitgeist zu hundert Prozent ausdrückte und dessen Zentrum Paris war. Den Stil der Zeit inszenierte sie auch an sich selbst: eigensinnig und extravagant. So als Gesamtkunstwerk, denn Bilder und Image waren eins, schaffte es die „Femme fatale des Art déco“, in den Pariser Galerien Höchstpreise für ihre Werke zu erzielen.

Im Jahr 1925 – in Paris findet die Ausstellung „Exposition Internationale des Arts Décoratifs et Industriels Modernes“ statt, die der Epoche des Art déco ihren Namen gab – entsteht das Hauptwerk von Tamara de Lempicka, das „Portrait der Herzogin de la Salle“. In einer für Frauen unüblichen Herrscherpose – stehend mit an der Hüfte eingestütztem Arm und den Fuß auf eine Treppenstufe gestellt – wird die Herzogin im Reiterkostüm und umgeben von Herrschaftsinsignien wie einer Säule, rot ausgelegter Treppe und einem Vorhang, der sich teilt, dargestellt. Auf der linken Bildseite zeigt sich hinter dem geöffneten Vorhang eine Stadtkulisse im Stil des Kubismus, rechts oben dagegen ein blaues Dreieck, das an Himmel und Weite denken lässt.

Der neue Stil ist eine Synthese aus Kubismus und stilisierter Figuration, bevorzugt werden starke Farben, verzichtet wird auf Schatten und Natürlichkeit, die Themen sind sinnlich. Bei Tamara de Lempicka sind es immer wieder Frauen, die nicht der konventionellen Rolle entsprechen. Kein Wunder, denn es war die Zeit, in der sich Frauen von ihren langen Haaren trennten und Bubikopf trugen. In der Garderobe befreite Coco Chanel die Damen vom Korsett.

Tamara portraitierte sich selbst als Fahrerin eines grasgrünen offenen Sportwagens, mit grauer Lederhaube und Handschuhen. Das Bild vermittelt unmittelbar ein Gefühl von Tempo, Freiheit und Selbstbewusstsein. Sehr bekannt geworden ist das „Autoportrait“ von 1929 auch als Titelbild eines limitierten Prachtbandes mit dem Titel: „Tamara de Lempicka – Col diario della governante di Gabriele d’Annunzio“. Das Buch wurde vom Mailänder Verleger Franco Maria Ricci publiziert und sorgte noch für einigen Ärger zwischen Künstlerin und Verleger.

Der Aufbruch in die Moderne brach jedoch nach der Weltwirtschaftskrise und dem Beginn des Zweiten Weltkrieges ab. Tamara emigrierte mit ihrem zweiten Ehemann, Baron Kuffner, nach Amerika und lebte später in Mexiko. In der abstrakten Malerei und dem Spätimpressionismus konnte sie nicht mehr an ihre alten Erfolge anknüpfen. Inzwischen fand sie auch kaum noch Zustimmung bei den Kunstkritikern. Manche bezeichneten sie als Salonmalerin.

Der Umgang mit den Reichen und Schönen in Hollywood war für ihre künstlerische Akzeptanz fatal. Das wurde ihr erst Jahre später klar. Zu spät. Man warf sie in einen Topf mit den Millionärsgattinnen der Westküste, die erst ihre Nerzmäntel über die Staffelei warfen, dann Sekt tranken und dann auch noch „malten". Als finanziell gut ausgestattete Baronin Kuffner fehlte ihr die Boheme-Aura von existenzieller Not und künstlerischem Sendungsbewusstsein. Fast bis zu ihrem Tod stritt sie dann noch mit dem Mailänder Verleger Franco Maria Ricci. Der Text ihrer Biografie war – trotz der vertraglichen Klausel von 1973 – nicht von ihr autorisiert. Ihre Verärgerung über seine Eingenmächtigkeit blieb.

Am 18. März 1980 stirbt sie. Ihr Freund Victor Contreras und ihre Tochter Kizette verstreuen auf ausdrücklichen Wunsch der Verstorbenen die Asche aus einem Hubschrauber über den 5452 Meter hohen Vulkan Popocatépetl. Ihr Haus, von dem aus der Vulkan zu sehen war und in dem sie ihr Lebensende verbrachte, vererbt sie ihrem Freund Victor.

Die Eidechse

„Tugenden sind schädlich, wenn man sie besitzt und stets ausübt, und nützlich, wenn man sie zur Schau trägt." (Machiavelli)

Die Eidechse opfert bei Gefahr ihren Schwanz und rettet so ihr Leben. Oft macht es im Leben Sinn, sich zu erleichtern und Ballast abzuwerfen, um wieder an geistiger Höhe und Handlungsfreiheit zu gewinnen. Und übrigens: Der Schwanz einer Eidechse wächst nach!

Ballast kann Materielles sein oder Gedanken und Gefühle, aber auch Tugenden wie Moral, Ehrlichkeit, Treue und gesellschaftliche Normen. Entscheidend bei allen Aktivitäten des Lebens, egal ob beruflich oder privat, ist das Ergebnis und nicht der Weg dahin. Das wussten schon die Raubritter im Mittelalter, die Landeroberer in Amerika und die Kurtisanen im Zeitalter der Industrialisierung, das viel Geld in die Kassen der Aristokratie und des Großbürgertums spülte.

Die Keckheit der Kurtisanen bestand aus ihrer Unmoral. Sie setzten sich rücksichtslos über gesellschaftliche Normen hinweg. Das war auch nicht so schwer, denn viele kamen aus einem sozialen Milieu, in dem es fast keine Normen gab. Außerdem ging es oft um das nackte Überleben, die Existenz schlechthin, denn Hunger, Kälte und Missachtung hatten sie alle kennengelernt.

Heute kommt gelegentlich auch noch das „Bett" zum Einsatz, aber oft auch der ungenierte Einsatz von Beziehungen, dem „Vitamin B". Auffällig dabei sind immer die Konstellationen: Vater und Tochter, Ehemann und Ehefrau, Bruder und Schwester, Ehemann und seine Witwe, Machthaber und seine Mätresse. Was fällt auf? Viele Frauen, die in der Geschichte durch besondere Leistungen in Erinnerung bleiben, hatten einen „tapferen Ritter", der voranging und ihnen den Weg ebnete. Das ist mancher Emanze heute ein grauenhafter Gedanke. Aber was hätte die Geschichte sonst alles entbehren müssen?

Was wäre zum Beispiel gewesen, wenn Coco Chanel nicht das Geld von Étienne Balsan genommen hätte, um einen Hutsalon zu eröffnen? Was wäre gewesen, wenn Nell Gwyn nicht die Geliebte von König Karl II. geworden wäre? Was wäre gewesen, wenn Evita nicht gleich am ersten Abend des Kennenlernens mit Juan Domingo Perón zusammengekommen wäre? Es hätte kein Modehaus Chanel gegeben. Es hätte eine am Existenzminimum lebende Schauspielerin mehr gegeben. Es hätte keine Evita Perón und ab 1947 kein Frauenwahlrecht in Argentinien gegeben.

Schauspielerinnen wird noch heute oft abwertend nachgesagt, sie hätten sich auf der Besetzungscouch „hochgeschlafen" und dadurch gute Rollen bekommen. Und was, wenn nicht? Die Rollen mussten jedenfalls besetzt werden. Wenn nicht mit dieser, dann mit jener Bewerberin. Ein Nachteil für die Allgemeinheit kann in diesem Verhalten nicht gesehen werden. Die

Damen machen es ja auch nur, wenn es sich lohnt. Hohe Gagen aufgrund von Popularität sind schlicht ein Vorteil, denn berühmte Schauspielerinnen vermitteln nicht nur ein paar interessante Stunden für das Publikum in Theater, Kino oder Fernsehen, sie geben auch vielen Menschen Arbeit, also Lohn und Brot. Dazu gehören nicht nur Kinobesitzer, Filmemacher und Fernsehredakteure, sondern auch Friseure, Visagisten, Köche, Schneider oder Designer, Immobilienmakler, Kindermädchen und viele andere.

Eine weitere gesellschaftliche Norm, die heutzutage gang und gäbe ist: Durch eigene Leistung nach oben! Was vor allem auch heißt, dass die Erbfolge ausgeschlossen ist. Das macht in einer Demokratie zwar Sinn, wird aber auch nur noch im braven Kleinbürgertum geglaubt und praktiziert. In Künstlerkreisen nicht, in Politikerkreisen nicht, in Unternehmerkreisen nicht und auch im Bildungsbürgertum nicht.

Jedem fallen jetzt gleich drei Töchter von bekannten Schauspielern ein, die auf der Bekanntheitswelle des Papas schwimmen. Jeder kennt Töchter, Nichten und Ehefrauen in Landtagen oder im Bundestag, deren „Verwandte oder Vorfahren“ schon dort saßen. Jeder kennt Töchter von bekannten Unternehmern, die heute Geschäftsführerin oder Vorstandsvorsitzende sind.

Schließlich ist auch Indira Gandhi mit familiärem Rückenwind an die Macht in Indien gekommen. Ihr Vater, Jawaharlal Nehru, war der Wegbereiter. Nach einer exklusiven Ausbildung an Schulen und Universitäten in Indien und Europa heiratet sie 1942, so wie es der gesellschaftlichen Norm entspricht. Der Ehemann Feroze Gandhi (nicht verwandt mit Mahatma Gandhi) äußerte später bei der von ihm eingereichten Scheidung: „Indiras Kandidatur für den Parteivorsitz war der familiäre Dolchstoß“.

Doch zuerst zieht sie ihre zwei Söhne groß und fungiert nach dem Tod ihrer Mutter an der Seite ihres Vaters, des Premierministers von Indien, als Sekretärin und Gastgeberin. Ab 1952 ist sie Mitglied im Parlament und wird später zur Präsidentin der

Kongresspartei, der wichtigsten Partei des Landes, gewählt.

Bereits jetzt, sowie auch in den späteren Jahren als Ministerin für Information und Rundfunk, pflegt sie einen autoritären Führungsstil und missachtet demokratische Normen. Wenn es in ihren Augen notwendig ist, wirft sie alle Regeln ab, ohne Rücksicht auf innen- oder außenpolitische Kommentare oder Reaktionen. Ziel ist nur der eigene Machterhalt; oder gelernt bei einer Eidechse: Ballast abwerfen, um optimal zu überleben.

Die erste Lektion erteilt sie der staunenden Öffentlichkeit im Kerala-Zwischenfall. In der „Operation Overthrow" inszeniert und organisiert sie eine starke Opposition aus Kongresspartei und Muslim League zur kommunistischen Regierung in Kerala. Diese Koalition gewinnt 1960 die Wahlen. Ihr Vater hatte noch Vertrauen in die Stabilität demokratischer Institutionen auch in instabilen Zeiten. Sie nicht.

Eine weitere Lektion in Sachen „Eidechse" zeigte sich im Umgang mit dem amtierenden Premierminister Lal Bahadur Shastri, dem Nachfolger ihres Vaters. Sie war Ministerin und er beklagte sich öffentlich: „Sie agiert über meinen Kopf hinweg." Nach seinem Tod ergreift sie die Gunst der Stunde und kandidiert als neue Premierministerin. Ihrer Partei blieb nichts anderes übrig, sie musste zustimmen. Die Kollegen gaben sich der trügerischen Hoffnung hin, es sei eine manipulierbare Dame, quasi die liebe Tochter des verehrten Nehru. Die Wahl wurde gewonnen. Indira Gandhi wurde am 24. Januar 1966 als Premierministerin vereidigt.

Bereits im indisch-pakistanischen Krieg zeigt Indira, wie sie sich kurz entschlossen über die Spielregeln der parlamentarischen Demokratie hinwegsetzen kann. Nach zwei Wochen Krieg siegen die indischen Truppen, Indira erklärt sofort den Waffenstillstand und das ohne jede Rücksprache, auch nicht mit dem Verteidigungsminister. Der war dagegen, aber Indira wollte eine weitere Auseinandersetzung mit Pakistan vermeiden, weil sie befürchtete, dass sich China oder die USA einmischen könnten.

Eine weitere Lektion frei nach der Devise „ab mit dem Eidechsenschwanz", erhielt die Nation und die erstaunte Weltöffentlichkeit am 26. Juni 1975. Der nationale Ausnahmezustand wurde ausgerufen. Eine nachvollziehbare oder berechtigte Begründung gab es nicht. Fakt ist jedoch, dass der Ausnahmezustand ihr das Amt erhielt.

Jedoch einige politische Misserfolge und ein gerichtliches Verfahren gegen sie wegen Missbrauchs eines Staatsbeamten für Wahlkampfzwecke hatten ihre Position ins Wanken gebracht. Die für Februar 1976 angesetzten Wahlen wurden verschoben und der Ausnahmezustand verlängert. Erst für den März 1977 wurden von ihr Wahlen angekündigt und (wie nicht anders zu erwarten) von der Kongresspartei verloren. Damit endete ihre Zeit als Premierministerin.

Bereits 1980 konnte sie mit einem neuen Wahltriumph in das Amt zurückkehren, immerhin bis zum 31. Oktober 1984. Sir Peter Ustinov hatte im Garten ihres Hauses Platz genommen und wollte mit Kollegen des britischen Fernsehsenders BBC ein Interview mit Indira Gandhi für die Dokumentarfilmreihe „Ustinov's People" aufzeichnen. Plötzlich Schüsse! Zwei ihrer Sikh-Leibwächter erschossen sie im Garten vor ihrem Haus.

Dem Attentat voraus gegangen war die blutige Niederschlagung der Separatistenbewegung der Sikhs, die sich schon 1982 über den Bundesstaat Punjab bis nach Assam und Kaschmir ausgeweitet hatte. Im Januar 1984 gab Indira Gandhi den Befehl, den Goldenen Tempel – das Heiligtum der Sikhs – militärisch zu stürmen. Bei diesem Einsatz mit dem Namen „Operation Blue Star" verloren vierhundert Soldaten und zweitausend Sikhs ihr Leben, ein Tempelteil wurde völlig zerstört. Trotz vieler Ratschläge von Freunden und Parteimitgliedern trennte sich Indira Gandhi auch danach nicht von Leibwächtern, die Sikhs waren. Das war ein tödlicher Fehler.

Zum Glück für die Nachwelt hat sich auch eine Frau namens Maria Sibylla Merian beherzt über gesellschaftliche Normen hinweggesetzt. Es war im 17. Jahrhundert undenkbar, dass eine Frau ohne männliche Begleitung auf Reisen ging. Sie – zu diesem Zeitpunkt bereits zweiundfünfzig Jahre alt – schiffte sich im Juni 1699 mit ihrer Tochter auf dem Dreimaster „Willem de Ruyter" von Amsterdam nach Südamerika ein. In ihrem Reisegepäck nicht nur das Übliche, sondern auch Präparierinstrumente, Branntwein für Tierkonservierung, Gläser, Schachteln und Körbe, Zeichenpapier, Pinsel und Farben; einfach alles, was für das Sammeln, Konservieren und Dokumentieren von Pflanzen und Tieren notwendig ist. Und übrigens: Erst einhundert Jahre später machte sich Alexander von Humboldt auf seine Entdeckungsreisen als Naturforscher.

Maria Sibylla Merian war nicht irgendwer, sondern bereits eine bekannte und erfolgreiche Malerin mit dem ganz speziellen Schwerpunkt der detailgetreuen Wiedergabe von Pflanzen und Tieren in ihren einzelnen Lebensstadien. Beherzt hatte sie sich von ihrem Ehemann getrennt und ihre zwei Töchter allein aufgezogen. Ihr wirtschaftlicher Erfolg machte es möglich, trotzdem blieb die gesellschaftliche Ächtung einer geschiedenen Frau. Damit konnte und musste sie leben, wichtiger war ihr die Fortführung ihrer Arbeit, von der sie seit jungen Jahren beseelt war. Besser als nur Hausfrau sein und für einen Ehemann sorgen, der oft trank und viel zu wenig Geld nach Hause brachte. Sie verließ mit ihren Töchtern Haus, Hof und Mann in Nürnberg, setzte ihre große Begabung und die gute Ausbildung ein und verdiente eigenes Geld.

Bis heute berühmt sind ihre Bildkompositionen, auf denen Lebewesen oder Pflanzen in ihren einzelnen Entwicklungsphasen in Bild und Text dargestellt werden. Sie verband wissenschaftliche Beobachtungsgabe mit künstlerischer Darstellung. Als Tochter eines Frankfurter Verlegers war sie mit ihren Arbeiten auch als Buchautorin erfolgreich. Bereits 1679 erschien der erste Band ihres Buches „Der Raupen wunderbare Verwandlung und sonderbare Blumennahrung".

Der krönende Höhepunkt ihrer Arbeit folgt im Jahr 1705 mit der Veröffentlichung des „Raupenbuches": „Metamorphosis Insectorum Surinamensium – Metamorphose der Insekten Surinams". Nachdem sie 1701 aus Südamerika zurückgekehrt war, hatte sie an diesem naturwissenschaftlichen Werk gearbeitet und es gilt heute noch als eines der prachtvollsten illustrierten Bücher, die je erschienen sind.

Die Spinne

„Gegner entweder besiegen oder umarmen." (Machiavelli)

„Meine Tür ist immer für Sie offen" – gibt Angela Merkel allen Mitgliedern ihrer Fraktion und des Kabinetts ständig mit auf den Weg. Ihre Telefonate via Handy sind schon legendär.

Die klassische „Umarmungsstrategie" der Diplomatie heißt Freundschaft. Da wird angerufen und eingeladen, da wird häufig eine E-Mail oder eine SMS geschickt und wehe, wenn der „Umarmte" nicht antwortet oder Einladungen absagt.

Es gibt Leute, die bombardieren andere mit Anrufen und Einladungen. Schütten anderen alle Herzensangelegenheiten aus, weihen sie in ihre Familienverhältnisse und ihre Hobbys ein. Das raubt den „Umarmten" die Zeit für die Realisierung ihrer eigenen Ziele. Deshalb lässt sich eine kluge und selbstbestimmte Frau nicht „umarmen"; nein, sie umarmt nur selbst und das auch nur, wenn es zu ihrem eigenen Ziel führt.

Im Umgang von Frauen mit Männern stellt sich bei dieser diplomatischen Strategie doch die Frage: Gibt es Freundschaft zwischen Männern und Frauen? Kann eine Frau einem Mann die Freundschaft antragen, um ihn an sich zu binden, ihn zu kontrollieren und eventuell zu manipulieren? Meistens nicht, denn nur in speziellen Fällen kann es funktionieren. Zu diesen speziellen Fällen gehören Männer, die sich nichts aus Frauen machen, in Freundschaft übergegangene langjährige Ehen oder solche Modelle wie die Beziehung zwischen Ludwig XV. und Madame de Pompadour. Sie verstand es, ihren Ex-Geliebten in Freundschaft an sich zu binden.

In allen Beziehungen zwischen Männern und Frauen spielen erotische Gedanken eine Rolle. Das ist normal und in den meisten Fällen auch von großem Vorteil für geschickte Frauen, jedenfalls dann, wenn sie ihn zu ihrem Ritter schlagen wollen. Er kann dann vorangehen, um den Weg zu ebnen. Wollen sie ihn aber zu ihrem Vasallen (zum Beispiel Mitarbeiter) machen oder ihn als ihren „Pausenclown" zu ihrer Unterhaltung an ihrem „Hofe" halten, kommen andere Typen in die engere Wahl. Entweder sehr viel älter oder sehr viel jünger, schwul oder mindestens zwei Stufen unter ihrer sozialen Herkunft.

Die Strategie „Freundschaft anbieten" dient dazu, sich mit dem anderen auf gleicher Ebene zu begegnen oder oft, sich mit dem anderen auf eine Stufe zu stellen. Manche wollen erhoben werden, andere wollen erheben. Frauen also Vorsicht! Meistens will er sie auf seine Ebene runter ziehen oder auf keinen Fall dulden, dass sie überlegen ist. Frauen ihrerseits bieten Freundschaften an, wenn sie ihn dafür erkennbar aufwerten und zur Dankbarkeit verpflichten können.

„Umarmt" werden kann natürlich auch mit Posten, Titeln und Geld! Immer natürlich gönnerhaft „nach unten", denn wer Posten, Titel oder Geld zu vergeben hat, steht einfach höher und genießt die Macht der eigenen Position.

Sehr dankbar war zum Beispiel Voltaire, nachdem er am 29. Mai 1746 endlich in die Académie française aufgenommen wurde. Früher wurde er schon einmal abgelehnt und die Aufnahme war immer noch umstritten. Jetzt hatte es Madame de Pompadour geschafft, den König zu dem entscheidenden Votum für ihn zu veranlassen. Voltaire bedankte sich bei ihr für diese Gunst mit einem Hymnus:

„So vereinigen Sie also in sich
Alle Künste, allen Geschmack, alle Talente zu gefallen;
Sie, Pompadour, verschönern
Den Hof, den Parnaß und Cythera.
Verzauberung aller Herzen, Schatz eines einzigen Sterblichen,

Möge dieses so glückliche Schicksal ewig dauern!
Daß Ihre kostbaren Tage erfüllt seien von Festen!
Daß der Friede in unseren Landen wiederkehre mit Ludwig!
Seien Sie beide ohne Feinde
Und bewahren Sie beide Ihre Eroberungen."

Heute würde man das eine gelungene Presse- und Öffentlichkeitsarbeit nennen, denn ein sehr bekannter Künstler lobt öffentlich die Favoritin. Ein anderer malt sie als „gelehrte Frau" mit Interesse für Philosophie, Literatur und Kunst, umgeben von Voltaires „Henriade", Montesquieus Buch vom Geist der Gesetze „De l'esprit des loix" und dem vierten Band der von Voltaire herausgegebenen „Encyclopédie". Als das Gemälde im Jahr 1753 von Maurice Quentin de La Tour gemalt wurde, war nur der vierte Band nicht verboten. Das Bild hängt heute im Musée du Louvre in Paris.

Darüber hinaus weiß aber jeder, der den geschichtlichen Hintergrund kennt, dass Madame entscheidend dazu beigetragen hat, dass diese Bücher erscheinen konnten oder von der Verbotsliste wieder entfernt wurden. Voltaires „Henriade" war ursprünglich ohne Druckerlaubnis erschienen und eine Streitschrift zugunsten der Hugenotten. Montesquieus „De l'esprit des loix" war verboten wurden, weil es Theorien für die Teilung der absolutistischen Macht in gesetzgebende, richterliche und regierende Macht enthielt. Die „Encyclopédie", gleich nach Erscheinen verboten, konnte dank Madame wenigstens in Teilen und für einige Zeit wieder nachgedruckt und verkauft werden.

Mit viel Geschick hatte sie bei den abendlichen Essen gemeinsam mit geladenen Gästen, zum Beispiel dem Herzog de Nivernais, Gespräche begonnen und Fragen gestellt, die nicht beantwortet werden konnten: „Wer kennt die Zusammensetzung meines roten Puders? „Womit erschießen wir auf der Jagd das Wild?" Diener schleppten daraufhin mehrere Bände des Lexikons herbei und Madame meinte: „Sire, Sie haben also diese Sammlung nützlicher Dinge beschlagnahmt, um sie allein zu besitzen und der einzige Gelehrte Ihres Königreiches zu sein?“

Madame machte immer emsig Politik mit der Vergabe von Aufträgen an Künstler, mit Posten für Verwandte und Loyale im diplomatischen Dienst, in der Armee oder der Verwaltung. Und alle trugen sie ihr Informationen zu, und alle sangen anderen gegenüber das „Hohelied“ des Lobes auf die Pompadour. Ihr oft gelobtes Mäzenatentum war mit Sicherheit nicht nur der „Gutmensch“ in ihr, auch nicht nur die Freude an schönen Dingen, sondern vor allem geschicktes Netzwerk, denn alle Begünstigten wirkten wie Multiplikatoren und verbreiteten nur Gutes über sie.

Ähnlich emsig knüpfte Joséphine ihr Netz für Informationen und positive Öffentlichkeitsarbeit, verpflichtete sich wichtige Männer durch Vergabe von Posten und Titeln. Sie ging allerdings auch soweit, für die Vermittlung von Geschäften – pikanterweise Heeresgeschäfte für Ausrüstung und Proviant – eine Provision zu nehmen. Die Vergabe von Aufträgen erfolgte auch an Anbieter mit erhöhten Preisen. So blieb für alle Beteiligten ausreichend Gewinn, vor allem auch für Joséphine, der Frau des Generals, des späteren Kaisers Napoleon. Er zeigte sich natürlich empört als Gerüchte darüber in Umlauf kamen.

Zur Aufbesserung des öffentlichen Ansehens diente auch die besondere Liebe Joséphines zur Zucht von Pflanzen und Tieren und das nur deshalb, weil Napoleon den Innenminister dazu brachte, einen Brief an die Wissenschaftler des „Museé national d'histoire naturelle“ zu schreiben. Gelobt wurden die Erfolge der Madame Bonaparte in Botanik und Tierzucht, die sich sowohl bei inländischen als auch bei ausländischen Arten eingestellt hatten und dem Fortschritt der Wissenschaften dienten als auch zum Ruhme Frankreichs. Er bat die Spezialisten um volle Unterstützung mit Rat und Tat im Interesse der Wissenschaften und der Nation.

Wer wollte sich da nicht einsetzen und in der Welt nur Bestes über die Dame berichten? Indes füllte sich der Park um ihr Schloss in Rueil-Malmaison mit seltenen Blumen und Gewächsen, von denen Orangen, Bananen und Mangos geerntet werden konnten. Auf den Wiesen sprangen Gazellen, Kängurus und Lamas herum, auf dem See schwammen schwarze Schwäne. So wohnte es sich im Dienste der Wissenschaften und als Patriotin sehr angenehm.

Vorzugsweise ganz konkret mit Geld, Titeln und Posten spann Katharina die Große ihr Netz für Männer. Absolut nicht kleinlich beschenkte sie abgelegte Liebhaber und betraute sie mit wichtigen Aufgaben und Posten. Das männliche Ego war geschmeichelt und für Katharinas Machterhalt waren dankbare Männer in wichtigen Funktionen von Vorteil. Stanislaw Poniatowski – den Vater ihrer Tochter Anna – hievte sie bei passender Gelegenheit auf den Thron von Polen (Stanislaus II. August Poniatowski) und stattete den verarmten Adligen noch mit einer üppigen Geldschatulle aus.

Grigori Orlow wurde von ihr sehr großzügig abgefunden, denn da gab es noch die Gerüchte über den dubiosen Todesfall ihres Gatten. Erst wurde Orlow Generaladjutant, dann bekam er große Ländereien als Geschenk und mehrere Posten mit guten Bezügen wie zum Beispiel als „Leiter des Artilleriewesens". Später erhob sie ihn noch in den Fürstenrang. Als im Jahr 1771 eine Epidemie in Moskau grassierte, ernannte sie Grigori zum Sonderbevollmächtigten für die Eindämmung und die Verhinderung einer Panik unter der Bevölkerung.

Katharina, der ein Händchen für die richtige Personalauswahl nachgesagt wird, hatte nicht nur ihrem Ex-Geliebten eine Aufgabe gegeben, in der er zu Ehren kommen konnte, sondern auch für Moskau die richtige Wahl getroffen. Es gelang ihm, die Epidemie zu besiegen. Die Herrscherin bedankte sich mit dem Bau eines Triumphbogens und der Inschrift: „Dem Retter Moskaus vor der Pest."

Er besiegelte den „Waffenstillstand der einvernehmlichen Trennung" ebenfalls großzügig und öffentlich. Er schenkte ihr einen 199-karätigen blau-grünen Diamanten, der in der Form einer Rosette geschliffen war und die exorbitante Summe von vierhunderttausend Rubel gekostet hatte. Sie ließ den „Orlow" in die Spitze des kaiserlichen Zepters einarbeiten und schenkte diese Kostbarkeit dem Staat.

Potemkin machte sie nach der Abkühlung der intimen Beziehung zum kaiserlichen Sonderbeauftragten für religiöse und völkische Minderheiten und schickte ihn auf Reisen von den polnischen Provinzen bis zum Schwarzen Meer. Der Mann war klug genug, um die Situation zu erkennen und sah in dieser Lösung für beide Seiten nur Positives. Auch in heutiger Zeit spinnen einflussreiche Frauen – speziell für Männer – ihre Netze. Aus presserechtlichen Gründen wird hier auf aktuelle Beispiele verzichtet.

Eine weitere spezielle Art von „Umarmung" ist der Versuch der Integration und die funktioniert so wie Transplantation. Ein kleines Teil wird in ein größeres eingepflanzt. Der Organismus sollte den eingepflanzten Teil nicht als fremd erkennen, denn Fremdkörper werden abgestoßen (Naturgesetz der Abwehr zum eigenen Schutz). Andernfalls muss eine große Dosis Immunsuppressiva (Abwehrhemmer) gegeben werden. Dadurch wird die Abwehr geschwächt, aber das kleine Teil und das Gesamtsystem auch. Will das kleine Teil – eine Frau – aber möglichst ungeschwächt ans Ziel kommen, muss es möglichst lange mit seinen wahren Absichten unerkannt bleiben, um die Gegenwehr gering zu halten. So wie sich die griechischen Krieger bis zum entscheidenden Moment in dem Holzpferd vor Troja versteckten.

Wenn sich eine Frau in eine bestimmte Gruppe integrieren will, ist die Art der Gruppe für sie egal, da steht nur ein Satz oben an: „Ich will". Die Falle wird wie das „Trojanische Pferd" aufgebaut. Völlig arglos zogen die Bewohner das schöne und ungefährliche Holzpferd vor ihren Toren in die Stadt. Nachts entstiegen ihm die Krieger, öffneten die Stadttore von innen, ließen ihre Kameraden rein und metzelten die wehrlosen Trojaner nieder. Wer sich also eine ganze Gruppe Untertan machen will, muss entweder schon Bestandteil der Gruppe sein oder sich zu einem Bestandteil machen.

Frauen, die in Männerrunden eindringen wollen, zum Beispiel in eine von Männern dominierte Partei, müssen nicht nur Mitglied werden, sondern vor allem ganz arglos daherkommen. Geeignet dafür ist die „Masche Mädchen". Kinder genießen, genau wie im Tierreich, einen besonderen Schutz. Sie gelten als ungefährlich, denn „die wollen nur spielen". In dieser geschützten Position möglichst genau gucken, wie die „alle tanzen", dann im geeigneten Moment die „Taktvorgabe" – sprich eine aussichtsreiche Funktion – übernehmen.

Andere Kriterien gelten, wenn eine Frau einige Männer in ihr Gefolge integrieren will, zum Beispiel als direkte Mitarbeiter. Da gilt der Spruch von Hildegard von Bingen, die als Äbtissin nur Nonnen aus adligen Familien in ihrem Kloster aufnahm. „Der Stallgeruch muss stimmen", soll sie gesagt haben. Historiker sehen der größten deutschen Mystikerin diesen Standesdünkel meist gönnerhaft nach. Andere meinen, sie hatte recht, denn „Integration" raubt beiden Teilen viel Energie.

Übertragen für Frauen in Führungspositionen heißt das heute: Bei der Mitarbeiterauswahl muss der Stallgeruch stimmen, sonst entsteht ein Herd ständiger Unruhe und innerer Reibung. Es sei denn, man wünscht eine Art „Inhouse-Wettbewerb" in der Hoffnung, dass das Gesamtergebnis verbessert wird. Soll die „Umarmung" durch Integration also klappen, muss auf die Auswahl der zu Integrierenden viel Wert gelegt werden. Die meisten Alpha-Frauen bevorzugen übrigens männliche Mitarbeiter, vorzugsweise jünger bis viel jünger! Erfahrungswerte bestätigen diese Konstellation als die Beste für das Befinden der Beteiligten und das Erreichen des Ziels.

Der Krake

„Ein schöner Rückzug ist ebensoviel wert
als ein kühner Angriff. Man bringe seine Taten, wann ihrer genug, wann ihrer viele sind, in Sicherheit." (Balthasar Gracián)

Was können Frauen von Kraken lernen? Den Rückzug. Versteckt hinter einer Wolke aus Tintendrüsensekret und Schleim zieht sich der Krake vor Angreifern zurück und färbt sich zur Tarnung auch noch in den Farben der Umgebung ein. „Abtauchen" und den Angreifer stehen lassen, das geht auch im Berufs- und Privatleben zwischen Männern und Frauen.

Eine Meisterin des eleganten Rückzugs war Jackie Kennedy Onassis, die diese Strategie vor allem während ihrer Ehe mit Onassis häufig einsetzte. Mehrere Augenzeugen haben berichtet, dass der griechische Reeder oft schrie und alles sagte, wozu er Lust hatte. Jackie ließ sich nie darauf ein, ging demonstrativ schweigend aus dem Zimmer, verließ das Haus oder sprang von der Yacht und schwamm an Land. Er entschuldigte sich für sein schlechtes Benehmen mit teuren Schmuckstücken.

Falls der Streithammel nicht einfach stehen gelassen werden kann, wird ein Ersatzkämpfer – oft ein Rechtsanwalt – beauftragt. Das Delegieren von unangenehmen Angelegenheiten ist eine elegante Art, die eigenen Kräfte zu schonen und nicht aus der Rolle zu fallen. Das erspart spätere Entschuldigungen und Canossa-Gänge. Die Wiederaufnahme der Gespräche ist ohne Gesichtsverlust möglich. Auf die Auswahl eines Ersatzkämpfers muss allerdings große Sorgfalt verwendet werden.

Coco Chanel wählte für ihren Rechtsstreit mit „dem lieben Pierre" (im engeren Kreis von ihr als „Bandit, der mich übers Ohr gehauen hat" bezeichnet), den jungen Rechtsanwalt René de Chambrun. Es ging um nicht mehr und nicht weniger als um die Rechte und Lizenzgebühren für das Parfüm „Chanel Nr. 5" und alle Kosmetikprodukte, die mit dem Namen Chanel auf den weltweiten Markt gebracht werden durften. Der „liebe Pierre" und sein Bruder Paul Wertheimer waren die Besitzer der größten französischen Kosmetik- und Parfümfirma und hatten einen Anwalt ausschließlich nur für die Prozesse mit der „schrecklichen Frau" engagiert.

Berufliche Erfahrungen hatte der von Coco Chanel 1934 beauftragte junge Anwalt noch nicht, aber eine Herkunft und Verwandtschaft, die Madame Chanel scheinbar restlos überzeugte. Er war der Sohn des Präsidenten der First National City Bank of New York, seine Mutter war Clara Longworth, seine Frau war die Tochter des französischen Premiers Pierre Laval, seine Tante Alice Roosevelt-Longworth war die Tochter von Präsident Theodore Roosevelt.

Der große Rechtsstreit begann 1934. Seit 1928 hatte man sich schon öfter auseinandergesetzt. Das Verfahren dauerte fünf Jahre und ging verloren. Sie hielt trotzdem an ihrem Rechtsanwalt fest und beide erreichten 1947 einen grandiosen Erfolg. Mit Champagner wurde in ihrer Suite im Hotel Ritz in Paris angestoßen, sie bedankte sich bei René und seiner Frau mit den Worten: „Ihnen habe ich es zu verdanken, dass ich nie mehr arbeiten muss.“ Dann schob sie ihm ihren Schreibtisch mit den Worten zu: „Ich brauche ihn nicht mehr. Sie können ihn haben.“

Für viele Frauen wären dieser Satz und diese Geste undenkbar, selbst wenn sie finanziell ausgesorgt hätten, sie könnten nicht auf ihren Schreibtisch verzichten, denn ein Schreibtisch ist Fluchtburg und Statussymbol. Die www-Personen (welt-weit-wichtig) finden sich zwar in der Mehrheit unter Männern, aber Frauen holen auf. Genau wie bei Männern dient diese Flucht hinter einen wichtigen Schreibtisch nebst Titel und Funktion nicht nur eigener Selbstverwirklichung, sondern auch dem Rückzug aus dem Privaten. Frauen entkommen dabei genau den gleichen Kümmernissen wie Männer: strapaziöse Partner, quengelnde Kinder, schwierige Teenager, lästige Haus- und Gartenarbeiten.

Ein hohes Sozialprestige, eine welt-weit-wichtige Person zu sein, ist zum Maß aller Dinge geworden. Sir Ustinov nannte es die übelste Entwicklung des 20. Jahrhunderts. Ganz egal, wie man selbst gern leben möchte und wie es der eigenen Gesundheit zuträglich wäre, viele verharren in beruflichen Positionen, nur um den schönen Schein zu waren. Allerdings ist es der Gesundheit ganz und gar nicht zuträglich, wenn der „Rückzug“ aus einer schwierigen Situation nicht angetreten wird.

Solange der Zeitpunkt für eine Auseinandersetzung noch nicht gekommen ist, solange ist ausweichen und in Sicherheit bringen die bessere Lösung und dafür gibt es viele Möglichkeiten, so zum Beispiel in Sportvereinen, Theatergruppen, gemeinnützigen Wohlfahrtsverbänden, Parteien, Selbsthilfegruppen oder Bürgerinitiativen. Es gibt zwar keine verlässlichen Statistiken über die Zahl der Ehrenamtlichen, aber die Zahl hat in den letzten Jahren sehr stark zugenommen. Das ist für alle Beteiligten erfreulich. Das Gemeinwesen wird gestärkt, das Selbstwertgefühl der ehrenamtlich Tätigen wird aufgewertet und die jeweiligen Partner sind stolz auf ihre aktiven Frauen. Frauen von ehrenamtlichen Männern sind auch stolz, aber meist auch sehr froh, wenn er mal aus dem Haus ist.

Frauen, die viel Geld und viel Zeit haben, können für den Rückzugstrick nicht nur für einige Stunden am Tag ausreißen, sie gehen auf längere Reisen. Kaiserin Sisi entfloh Streitereien über das Hofprotokoll und den Terminplan des allzu pflichtbewussten Ehemanns in ausgedehnten Aufenthalten in großen Kurorten in Deutschland und der Schweiz, ihrer Säulenvilla auf Korfu oder historisch interessanten Ländern wie Italien, Ägypten und England. Kaiser Franz schrieb in Briefen: „An Dich denke ich beständig mit unendlicher Sehnsucht, und ich freue mich schon jetzt auf das leider noch so ferne Wiedersehen.“ Von ihr wurde überliefert: „Ich passe nicht zu ihm und er nicht zu mir. Meine Heirat war ein Unglück für ihn und für mich.“

Noch luxuriöser zog sich Marie Antoinette zurück. Dem Hofprotokoll entfloh sie in einen Kauf- und Partyrausch und später in die Schäferidylle in das eigene „Dorf der Königin“, das im Park hinter dem Petit Trianon in Versailles in einer Landschaft im englischen Gartenstil angelegt worden war. Es war die idealisierte Nachbildung eines Dorfes mit zwölf Häusern, außen bäuerlich, innen königlich ausgestattet. Es scharrten echte Hühner, es blökten echte Schafe, es watschelten echte Gänse und Ente umher, in einem Teich schwammen echte Fische, im Taubenschlag gurrten echte

Tauben und in einer kleinen Mühle konnte echtes Korn gemahlen werden.

Wer hier mitspielen durfte, kleidete sich in Baumwollkleidchen, trug Sonnenhut und natürlich keine Perücke. Selbst ihr Ehemann, König Ludwig XVI., kam gern zu Besuch. Nach anfänglichen Schwierigkeiten der jungen Eheleute – sieben Jahre lang blieb die Ehe bis zu seiner kleinen Operation „unvollzogen" – arrangierten sich beide in den folgenden Jahren ganz „kommod" miteinander und flüchteten von Zeit zu Zeit vor den Pflichten des Hofprotokolls in diese künstliche Dorfidylle. Angenehmer kann ein „Rückzug" sicher nicht sein. Heute ist es der Urlaub auf dem Bauernhof, den viele Gestresste immer öfter buchen. Das ist die aktuelle und sehr realitätsnahe Form des Rückzugs aus dem Alltag und seinen unerfreulichen Pflichten und Ereignissen.

Bündnisse

Alles im Leben ist Verhandlung und für den Verhandlungserfolg ist die genaue Kenntnis des Verhandlungspartners und der Verhandlungsmasse entscheidend. Vor allem aber muss man sich selbst kennen und sein eigenes Verhalten auf neue Bündnisse einstellen. Nie mit Leuten verhandeln, deren Charakter, Werdegang und private Situation nicht bekannt sind. Verhandlungsprofis nennen es KKK und das heißt: Keine Kontakte kalt. Außerdem müssen zu Beginn hohe Forderungen gestellt werden. Dann großzügig während der Verhandlung nachgeben. Der Verhandlungspartner freut sich über seinen Erfolg. Der wahre Sieger ist er nicht, denn beide Seiten haben einen Erfolg erzielt.

Die Narzisstin sagt: „Ich stelle meine Forderung und bleibe hart dabei."

Die Diplomatin sagt: „Ich fordere viel mehr, als ich erwarten kann und gebe in der Verhandlung nach. So erreiche ich, was ich will. Mein Gegenüber fühlt sich gut dabei."

Mit dem Dritten

„Ein Herrscher muss unliebsame Dinge auf andere abwälzen und die angenehmen sich selber vorbehalten." (Machiavelli)

Lieschen Müller macht natürlich weder mit jedem Geschäfte, noch verbündet sie sich mit jedem. Das lässt ihr dummer Dünkel nicht zu. Ganz anders die großen Frauen der Diplomatie wie Katharina von Russland oder Elisabeth I. von England. Da wurde für jedes Ziel ein zweckdienlicher Bündnispartner ausgewählt. Das musste nicht für ewig sein, sondern war nur für eine bestimmte Zeit angelegt. Die Frage war immer nur: Was muss ihm angeboten werden, damit er sich gut fühlt und in meinem Interesse handelt?

Bei der Auswahl eines Partners – das kann ein Chef sein, ein Ehemann, ein Mitarbeiter oder speziell im Verlagswesen ein Autor oder ein Anzeigenkunde – gibt es nur eine Frage, die mit Ja beantwortet werden muss: Verstärkt er meine Kräfte, damit ich an mein Ziel komme?

Francis Drake war bereits auf See in Richtung Spanien. Der Freibeuter, ein bekennender Feind des spanischen Königs, hatte England vorgeschlagen, der Aufrüstung Spaniens einen herben Schlag zu versetzen. Dazu wollte er die spanische Armada in den spanischen Häfen zerstören. Königin Elisabeth I. hatte zugestimmt.

Daraufhin war er in See gestochen, aber neun Tage später schickte sie ihm eine Pinasse hinterher, um ihm auf hoher See einen gegenteiligen Befehl überbringen zu lassen. Er solle sich ausschließlich auf Schiffe in freien Gewässern konzentrieren. Nur dumm, dass die Pinasse natürlich einen Vorsprung von neun Tagen nicht aufholen konnte und unverrichteter Dinge umkehrte. Die Königin aber führte mit gutem Gewissen Friedensverhandlungen mit Spanien und ließ verkünden, dass Drake untersagt wurde, Schiffe und Häfen in Spanien anzugreifen.

Drake, nichts ahnend, war inzwischen erfolgreich und besetzte den Hafen und das Kastell von Sagres, im Hafen von Cadiz zerstörte und kaperte er 24 Schiffe und das Ergebnis war, dass er ab sofort die Seeroute zwischen Andalusien und Lissabon kontrollierte. Die spanische Armada war im Jahr 1587 nicht mehr fähig, gegen England auszulaufen.

Historiker nennen es ein „Bravourstück" der strategischen und politischen Amtsführung durch Elisabeth I. von England. Sie, die Tochter von Anne Boleyn und Heinrich VIII., galt vielen als Bastard, als protestantischer dazu. Aber die Epoche ihrer Regierungszeit (1558 bis 1603) galt als die „Goldene" für England. Wissenschaften und Künste blühten auf, die Meere wurden für den Welthandel und die militärische Macht von großer Bedeutung, der Aufbau des Empire begann, es entwickelte sich ein ganz spezieller insularer Stil und ein englisches Nationalbewusstsein.

1581 wurde Francis Drake von der Königin zum Ritter geschlagen, denn er hatte für die Krone Teile Nordamerikas erobert, England zur führenden Seemacht und so ganz nebenbei reiche Beute bei seinen Kaperfahrten gemacht. Die waren „natürlich" seine privaten Unternehmungen. Zu den „stillen" Geldgebern gehörte auch die Königin, die für ihre Einlagen einen viertausendprozentigen Gewinn erhielt. Öffentlich lobte sie seine Leistungen als Weltumsegler!

Eine glückliche Hand hatte Elisabeth, als sie Francis Drake zu ihrem „Dritten" machte. Ein Mann, der nicht als Angestellter in ihren Diensten stand und von dem seinerzeit viele nicht um die Absprachen mit der Königin wussten. Niemals hätte sie ihre eigene Royal Navy für Kaperfahrten in See stechen lassen können und nie ohne Kriegserklärung in spanische Häfen einlaufen und Schiffe zerstören lassen können. Ein Freibeuter konnte das. Sie nutzte ihre enorme Menschenkenntnis und kannte die Vita von Drake ganz genau, bevor sie sich mit ihm auf gemeinsame „Projekte" einließ. Seinen Ehrgeiz und sein Durchhaltevermögen hatte er bereits in den vergangenen Jahren bewiesen, denn als mittelloser Sohn einer Bauernfamilie heuerte er mit dreizehn Jahren als Seemann an, lernte das Leben auf See von der Pike auf, beherrschte auch die Navigation und meisterte Rückschläge und Niederlagen. Das waren gute Voraussetzungen für einen „mit allen Wassern gewaschenen“ Partner.

Erotisch problematisch wurde das Verhältnis zu Drake nie. Sie inszenierte sich als königliche Jungfrau – eine massenwirksame Anlehnung an die Marienverehrung – und das wirkte auch bei ihren katholischen Landeskindern. Es heißt, wenn Shakespeare der größte Schriftsteller der Zeit war, dann war Elisabeth die größte Schauspielerin.

Ebenfalls erotisch unproblematisch war ihr Verhältnis zu Sir William Cecil, dem späteren Lord Burghley. Er achtete immer auf die Distanz zwischen dem höchsten Staatsdiener und einer gesalbten Königin. Fast vierzig Jahre hielt das Vertrauen der Königin zu ihrem Staatssekretär und späterem Lordschatzmeister, den sie mit folgenden Worten in sein Amt berufen hatte: „Dieses Urteil habe ich von Euch, daß ihr durch keinerlei Geschenk korrumpiert werdet, und daß ihr ohne Rücksicht auf meinen eigenen Willen mir den Rat geben werdet, den ihr für den besten haltet.“

Es gibt natürlich noch wesentlich mehr unangenehme Aufgaben im Leben einer Frau zu erfüllen als geheime Kapermissionen oder militärische Angriffe, die dann öffentlich zu rügen sind. Gut auf einen Dritten zu übertragen sind auch ganz alltägliche Dinge wie Streit mit Vertragspartnern, die Entlassung von Mitarbeitern oder auch die Erziehung der Kinder. Dritte sind dementsprechend Rechtsanwälte, Unternehmensberater oder Lehrer. Jede junge Mutter weiß, wie schwer es ist, Strenge und Liebe in Balance zu bringen, wie belastend für die Nerven eine Hausaufgabenbetreuung sein kann.

Gutes Benehmen und respektvoller Umgang miteinander wird leicht durch Vorleben vermittelt, aber für Rechnen, Schreiben, Lesen und so weiter gibt es Lehrer, denen Mütter und Väter laut Adolph Freiherr von Knigge nicht genügend danken können: „Es ist wahrlich eine höchst schwere Arbeit, Menschen zu bilden – eine Arbeit, die sich nie mit Gelde bezahlen lässt. Schämen sollten sich die Menschen, die den Erzieher ihrer Kinder wie eine Art Dienstboten behandeln." Früher war der Beruf eines Lehrers eine gesellschaftlich sehr hoch angesehene Position. Leider ist das heute nur noch selten der Fall. Darüber sollten Eltern mal nachdenken. Vielleicht führt das Homeschooling aufgrund der Corona-Krise wieder zu mehr Wertschätzung des Lehrerberufes.

Für die Auswahl der Erzieher sind traditionell die Frauen zuständig. Heute ist es die passende Schule, die mit Bedacht gewählt sein will, früher war es für Frauen in „Führungspositionen" der private Erzieher. Ein besonders glückliches Händchen dafür hatte Herzogin Anna Amalia von Sachsen-Weimar, die sehr jung zur Witwe geworden war und bis zur Volljährigkeit des Erbprinzen die Regierungsgeschäfte führte.

Für ihre Söhne, den Erbprinzen Carl August und seinen Bruder Constantin, wählte sie Graf Johann Eustachius von Schlitz, genannt Görtz. Er erfüllte seine Aufgabe hervorragend, ging auf die verschiedenen Charaktere der Brüder ein und gewann das Vertrauen beider Prinzen. Anna Amalia war mit den Fortschritten und Leistungen ihrer Söhne sehr zufrieden, bemerkte aber eine zu große Abhängigkeit und Nähe der Prinzen zu Görtz. Sie vermutete, dass Görtz sich eigennützig in eine gute Ausgangsposition bringen wollte, denn 1775 wird der Erbprinz volljährig und die Regierungsgeschäfte übernehmen. Wollte Görtz die „Graue Eminenz" werden?

Entlassen wollte sie Görtz nicht, stattdessen stellte sie ihm noch einen Lehrer an die Seite, den Professor Christoph Martin Wieland aus Erfurt. Eine kluge Entscheidung, nicht nur für die Söhne, sondern auch für die deutsche Literatur und für Weimar, das neue Zentrum für die Epoche der deutschen Klassik (1786 bis 1832). Der Erbprinz war es, der aufgrund seiner Erziehung Goethe nach Weimar holte, ihm folgten dann Herder und Schiller.

Kurz nach der Berufung Wielands begann Görtz Intrigen zu spinnen, die den Erbprinzen vorzeitig auf den Thron bringen sollten. Die Befürchtung, die Anna Amalia hatte, bestätigte sich.

Fast wollte sie abdanken. Doch der leitende Minister, Freiherr von Fritsch, hielt sie davon ab. Der Erbprinz Carl August wurde ab sofort Mitglied im „Geheimen Consilium“ und so an der Seite seiner Mutter an die Regierungsgeschäfte herangeführt. Für den Bruder Constantin wurde ein neuer Lehrer engagiert: Carl Ludwig von Knebel, der spätere „Urfreund“ von Goethe.

Wieland wurde Stammgast im „Musenhof“ der Herzoginmutter, wie Anna Amalia genannt wurde, nachdem der Erbprinz regierte. Im Sommer, wenn die illustere Runde sich regelmäßig in Schloss Tiefurt traf, mietete sie für den alternden Professor eine kleine Wohnung im Dorf Tiefurt, damit er nah bei ihr sein konnte. Zu ihrer Tafelrunde lud sie nicht nur Aristokraten, sondern auch Bürgerliche ein. Ein Novum der Zeit. Für sie zählten Talent und Geist, nicht Geburt. Es gab Lesungen, Konzerte und Theateraufführungen. Zum Beispiel das Singspiel „Die Fischerin“ von Goethe. Dabei sang die Schauspielerin Corona Schröter die Ballade vom „Erlkönig“, die sie noch vor Schubert vertont hatte.

Frauen, die heute in Führungspositionen gelangen, in der Regel durch Leistung und weniger durch Geburt, kennen eine besonders unangenehme Aufgabe: Sie werden aufgefordert, Mitarbeiter zu entlassen. Das fällt Frauen viel schwerer als Männern. Um das schlechte Gewissen und die Bauchschmerzen nur ein wenig zu lindern, schieben manche die absolute finanzielle Notlage vor und andere delegieren die Aufgabe an einen Unternehmensberater. Er wird im Vorgespräch „gebrieft“ und kommt dann zu dem gewünschten, aber unangenehmen Ergebnis, das er auch selbst vor den Mitarbeitern vortragen und begründen muss.

Die kluge Auftraggeberin tritt dann betroffen in Aktion und wendet das eine oder andere individuelle Schicksal ab oder lindert es. So findet sie wieder zu ihrer eigentlich guten und mütterlichen Führungsrolle zurück. Der Unternehmensberater war ja eben doch ein Außenstehender, der nicht alles im Interesse des Einzelnen und des Unternehmens sehen konnte. Die Führungsdamen halten sich auch heute noch an Machiavelli und lassen die „Drecksarbeiten von einem geeigneten Dritten machen, dann eingreifen, den Übeltäter für schuldig erklären und öffentlich hinrichten." Gut, heutzutage wird der Unternehmensberater nicht hingerichtet, aber er geht. Natürlich gut bezahlt und das Honorar ist hoch und bleibt geheim.

Bei einer anderen Masche mit dem „Dritten" ist keine Person im Spiel, sondern der oder die „Dritte" ist ein Gerücht. Ein Gerücht von historischer Tragweite setzte Katharina die Große in Umlauf. Da gab es noch Iwan VI., der als „Gefangener Nummer eins" schon seit der Thronbesteigung ihrer Schwiegermutter, Zarin Elisabeth, in strenger Isolationshaft gehalten wurde. Der von Elisabeth schon als Kleinkind entthronte Zar Iwan VI. galt sowohl für die Schwiegermutter als auch jetzt für Katharina als echte Bedrohung, denn er war der rechtmäßige Thronerbe. Da aber beide Frauen durch einen Putsch auf den russischen Thron gelangt waren, blieb für ihn nur die Haft. Auf Befehl Elisabeths bekam er Essen und Trinken, aber keine medizinische Hilfe und für den Fall, dass ein Ausbruch drohte, sollte er sofort von den Wachleuten getötet werden.

Katharina bestätigte diesen Befehl nach ihrer Krönung. Setzte später das Gerücht in Umlauf, Zar Iwan VI. sollte von „Dritten" befreit werden, sodass die Wachleute des Gefängnisses ihren Befehl ausführten. Damit war das Problem für sie elegant gelöst.

Nicht jedes Gerücht muss historische Tragweite haben und das Leben kosten. Es genügt auch, den guten Ruf oder die berufliche Existenz zu zerstören. Was heute alles aus Politik und von sonstiger Prominenz an „Meldungen" in der Presse steht und angeblich aus verlässlichen Quellen stammt, kommt meistens von verärgerten oder neidischen Insidern, harten Konkurrenten oder auch beauftragten und bezahlten PR-Agenturen.

Drei Nummern kleiner sind die Gerüchte, die verliebte oder ehrgeizige Frauen über ihre Rivalinnen im Privat- oder Berufsleben streuen, aber nicht minder gefährlich und zerstörerisch. Oft als leichtes Geplauder und „nur unter uns" getarnt und immer mit der Bitte, sag es aber nicht weiter. Man stellt die Rivalin als hilfsbedürftig hin, gibt sich selbst dabei als fürsorglich und macht mit einem Gerücht geschickte Politik.

Mit dem Chef

„Hüte Dich, einen Großen, der Ansprüche auf Verstand,
Witz, hohe Tugenden, Gelehrsamkeit, Kunstgefühl,
oder worauf es immer sei, macht,
ihn deutlich oder gar in Gegenwart andrer merken zu lassen,
daß Du Dir bewußt bist, Du übertreffest, Du übersehest, Du verdunkelst ihn." (Adolph Freiherr von Knigge)

Meistens ist der Chef ein Mann. Der animalische weibliche Instinkt wird ihn sofort analysieren: Auf welchen Typ Frau steht er und in welchem Punkt hat er sein Defizit? Jeder hat ein Defizit und versucht ständig, diese Lücke zu füllen, um vollständig zu sein. Das ist unser aller Lebenstrieb, auch der von Männern, auch wenn sie in hohen Positionen stehen und scheinbar alles haben. Sehnt er sich nach einer Eva, einer Maria, einer Helena oder einer Sophia?

Soll die Zusammenarbeit von langer Dauer sein, ist das Modell Vater und Tochter am besten, denn „Sophia" wird wohltuend lauschen, lächeln und loben. Einen Schuss „Eva" beigemischt, das hebt den Adrenalinspiegel und eine Prise „Helena" inspiriert seinen Geist. Oberstes Gebot ist aber immer die uneingeschränkte Loyalität.

Als Frau tritt man immer kompetent, selbstbewusst und in gepflegtem Äußeren auf, denn man spielt die Rolle der „Aktiven", die alle Probleme des Alltags völlig im Griff hat. Er muss ein sicheres Gefühl haben, wenn sie ihn berät, vertritt und ihm vieles abnimmt. Unsicher ist er meist selbst, viele Detailfragen nerven ihn und überhaupt: Das Kind im Manne liebt Pflichten nicht. Allerdings muss sie ihm immer das Gefühl geben, er ist der

Größte und kann alles am besten. Wer das als Frau nicht kann, muss Single bleiben, selbst Chefin werden und kann dieses Kapitel jetzt überspringen.

Häufige Konstellationen zwischen Frau und Chef: Krankenschwester und Arzt, Stabsstelle und Vorstand, Sekretärin und Bereichsleiter oder Inhaber. Nicht selten tendiert die Beziehung mit der Zeit dann doch vom Modell „Sophia" zum Modell „Eva", sie wird seine Geliebte. Häufig führt das zum Jobwechsel, manchmal aber auch zur glücklichen Ehefrau. So war es zum Beispiel bei Lydia Deininger. Insider nannten sie das „Hexle". Sie heiratete als Stabsstelle den Vorstandsvorsitzenden der Daimler AG, Jürgen Schrempp. Verlor dann mit ihm aber auch ihren Job, als er mit dem „Zimmern" der Welt-AG scheiterte.

Besser klappte es bei Liz Mohn. Sie hatte den Inhaber des C. Bertelsmann Verlages, Reinhard Mohn, geheiratet, stieg zur Chefin auf und nicht erst nach seinem Tod. Manchmal beginnt die Karriere auch mit der Betreuung seiner Kinder, so wie in Hamburg bei dem Verleger Axel Springer. Das frühere Kindermädchen Friede heiratete ebenfalls den Verleger und erbte nach dessen Tod den Axel-Springer-Verlag.

Oder auch bei Madame de Maintenon. Sie erzog die Kinder Ludwig XIV. und seiner Mätresse Madame de Montespan. Später heiratete der König die Kinderfrau heimlich, aber voller Überzeugung und in großer Liebe.

Der Briefwechsel von Madame de Maintenon und der Princess des Ursins während des Spanischen Erbfolgekrieges (1701 bis 1714) gilt manchen Historikern als Zeichen dafür, dass die Maintenon politisch aktiv war. Andererseits kann davon ausgegangen werden, dass sie den Briefwechsel nicht eigenmächtig geführt hat, sondern mit Wissen des Königs und in seinem Sinne, quasi als seine „Dritte". Wissenschaftlich aufgearbeitet wird der Briefwechsel zurzeit noch von Historikern.

Für viele Frauen war und ist der Chef auch heute noch ganz einfach der Ehemann. Sie sagen sich, egal wem ich lausche, wen ich anlächle und wen ich lobe, Hauptsache ich habe mein Auskommen. Wer bezahlt bestimmt! Mag der Ehemann auch noch so schwierig sein, ein externer Chef als Arbeitgeber ist bestimmt nicht viel besser. Diese Geisha-Haltung in einer Ehe ist zwar gesellschaftlich auf dem absteigenden Ast, aber es gibt sie noch und das trotz der Problematik eines jähen Endes und einer für Frauen unfreundlichen – durch Gesetz gestützten – Scheidungspraxis.

Wie ein Chef kündigen kann, kann der Ehemann sich scheiden lassen. Hat sie dann auch noch ihr Auskommen? Heute eben nicht mehr und das wissen junge Frauen. Die Konsequenz? Gut ausgebildete Frauen, die für ihren Lebensunterhalt allein sorgen können, sind sehr wählerisch und sehr zögerlich, wenn es um Ehe und Kinder geht. Ob sie mit einem externen Chef besser klarkommen als mit einem Lebenspartner ist die Frage, aber man kann einen Chef leichter auswechseln.

Am besten also, sie wird selbst Chefin. Das ist nicht einfach und deshalb gibt es ein großes Hoffen auf die gesetzlich verankerte Frauen-Quote. Das Schlechteste wäre es nicht, denn männliche Abwehrstrategien funktionieren immer noch. Gerade so, als wenn Männer den Spruch des Römers Cato mit auf ihren Lebensweg bekommen hätten: „Lasst die Frauen nicht an die Macht, sie sind besser als wir!“

Mit dem Mitarbeiter

„An den Mitarbeitern erkennt man die Qualität des Herrschers. Gute Mitarbeiter kann nur ein kluger Herrscher auswählen.“ (Machiavelli)

Ist eine Frau zur Chefin geworden, obliegt ihr ab sofort die Führungsgewalt über alle Mitarbeiter, weibliche und männliche. Das kann sie mütterlich angehen, aber bitte nicht nur.

Ein Trupp leichter Kavallerie, eine Bläserkapelle und Zobelpelze als Begrüßungsgeschenk für den Gast ihrer Majestät, der Kaiserin von Russland: Das beeindruckte Johanna von Anhalt-

Zerbst, die Mutter von Sophie, im Februar 1744 sehr. Doch die vierzehnjährige Prinzessin Sophie, als Ehefrau für den zukünftigen Zaren auserwählt, weniger. Sie fragte indessen diskret einen General, wer die wichtigsten Personen am Hof sind und ob er ihr Notizen über deren Charaktere zukommen lassen könne. Natürlich unter dem Siegel der Verschwiegenheit! Statt der Freude am Pomp, bereits kaltes Kalkül. Wie kam sie in dieser Situation auf diesen Gedanken? In ihrem Alter? Schon erstaunlich weitblickend für die blutjunge Prinzessin aus verarmtem Landadel.

Dossiers waren damals durchaus eine übliche Sache. Zur Erinnerung: Auch der Staatsminister Flemming von Sachsen hatte Notizen über Gräfin Cosel, der Favoritin des Königs. Bis heute hat sich diese Art der Datensammlung in Form von Personalakten erhalten, allerdings geschrumpft auf Alter, Herkunft und berufliche Qualifikation. Näher an einem Dossier waren da noch die Stasiunterlagen in der ehemaligen DDR. Da wurden auch Aufzeichnungen über Kontaktpersonen, Charaktereigenschaften und persönliche Ansichten vermerkt.

Nahe an diese Art von Dossier kommen die heute in Managementkreisen üblichen vorab eingeholten Informationen über potentielle Kunden und Vertragspartner, denn man macht „keine Kontakte kalt". Umso mehr ich über mein Gegenüber weiß, desto besser kann ich mit ihm umgehen und mein Ziel erreichen, das ein Vertrags- oder ein Kaufabschluss sein kann.

Vorsicht ist aber geboten, denn ganz unglücklich war der öffentlich bekannt gewordene Auftritt von Monika Hohlmeier, der Tochter von Franz Josef Strauß, vor einigen ihrer Parteifreunde. Sie kam in den Raum, warf einige Schnellhefter auf den Tisch und tönte: „Hier habe ich über alle von Euch etwas!" So versuchte sie, Loyalität und Unterstützung einzufordern. Das ging gründlich daneben. So sollten Dossiers nicht eingesetzt werden.

Trotz der negativen Auswüchse bleibt ein Dossier eine hilfreiche Grundlage bei der Auswahl von Mitarbeitern. Nicht um sie auszuspionieren oder unter Druck zu setzen, sondern um sie optimal führen zu können und ihnen die geeigneten Aufgaben zu übertragen. In der modernen Managementlehre heißt das „Situatives Führen“ und das können Frauen besser als Männer, die immer nur ihr eigenes Ego im Vordergrund sehen und gern auch mal mit „Basta“ auf den Putz hauen.

Frauen versuchen, sich in den anderen hineinzuversetzen und überlegen von dieser Position aus, wie sie – hätten sie den Charakter des anderen – reagieren würden. Darauf richten sie ihre eigene Führungsstrategie aus und versuchen zu ergründen, ob der Mitarbeiter oder die Mitarbeiterin zum Beispiel mit mehr Lob, mit einem Titel oder mit mehr Geld zu motivieren ist.

Oft hilft auch die weibliche Vorliebe für Psychologie, denn danach können Menschen in eine der vier hippokratischen Charaktertypen eingeordnet werden. Es wird unterschieden zwischen Cholerikern, Sanguinikern, Melancholikern und Phlegmatikern. Dann wird überlegt, ob zum Beispiel ein männlicher Mitarbeiter mehr auf erotische Eva-Reize, auf mütterliche Maria-Reize, auf geistreiche Helena-Reize oder auf anhimmelnde Sophia-Reize reagiert. Wo hat er sein Defizit, seine Sehnsüchte? Alles andere wie Herkunft, Hobbys, Freundeskreis und weitere Berufswünsche kommt anschließend dazu.

Diese Dossiers ihrer Mitarbeiter speichern Frauen quasi virtuell im Kopf und verzichten auf die Schriftform. Außer von der modernen Führungslehre können sie noch von absolutistischen Herrscherinnen aus der Geschichte lernen, die es manchmal vorbildlich vorgemacht haben. Wer würde heute eine Zweiundzwanzigjährige zur Vorstandsvorsitzenden eines DAX-Konzerns mit weltweiten Umsätzen in Milliardenhöhe machen? Vermutlich niemand. Da der Vorstandsvorsitz eines DAX-Konzerns auch nicht vererbt werden kann, haben Frauen so gut wie keine Chance auf einen solchen Posten.

Anders war es früher in Erbmonarchien. Da trat die junge Maria Theresia in Österreich ein Erbe mit einer Mammutaufgabe an. Das Riesenreich der Habsburger war zerrüttet und die finanzielle Lage miserabel. Die Zweiundzwanzigjährige konstatierte: „Niemand glaube werde widersprechen, daß nicht leichtlich ein Beispiel in denen Geschichten zu finden, dass ein gekröntes Haupt in schwerer und misslicheren Umständen seine Regierung als ich angetreten habe." Außerdem hatte sie der Vater, Karl VI., nicht in die Geschäfte eingeführt. Sie stellte fest: „Es fehlt mir an Kantnus meiner Länder, meiner Armee, ja sogar meines Ministerii, weil es meinem Herrn Vattern niemals gefällig ware, mich zur Erledigung weder der auswärtigen noch inneren Geschäfte beizuziehen noch zu informieren."

Im Volk machte sich eine Stimmung breit, die der venezianische Gesandte Alessandro Zeno so äußerte: „Es ist mit der Würde des Staates nicht vereinbar, von einer Frau regiert zu werden." Bereits bei der Amtseinführung am 22. November 1740 änderte sich die öffentliche Meinung. Die im fünften Monat schwangere Maria Theresia gewann die Sympathie ihrer Wiener und auch aus den Provinzen kam Zustimmung, wollte sie doch die Monarchie erhalten und wie eine Landesmutter alle ihre Landeskinder schützen.

Die „Mutterrolle" war ihr wie auf den Leib geschrieben. Diese „Inszenierung" bot ihr Schutz vor pauschaler Kritik an Frauen und eine sichere Ausgangsbasis für eine lange und erfolgreiche Regierungszeit, die sie durch geschickte Auswahl und Führung ihrer Mitarbeiter erreichte. So entmachtete sie zum Beispiel den neunundsechzigjährigen Graf Philipp Ludwig Wenzel von Sinzendorf als Hofkanzler. Sie hielt ihn zwar für einen „großen Minister" und besten Kenner der auswärtigen Politik, aber „dieser hatte mein Vertrauen nicht."

Sie vertraute auf den Hofkammerpräsidenten Graf Gundacker Thomas Starhemberg. Er war schon siebenundsiebzig Jahre alt, davon siebenunddreißig Jahre im Amt und hatte die „Finanzen in Unordnung gebracht, dass sich niemand mehr auskennt" – so äußerte sich zumindest Karl von Lothringen. Aber der Graf hatte das Vertrauen der Regentin und ein glückliches Händchen bei der weiteren Personalauswahl wie dem Staatssekretär Johann Christoph von Bartenstein. Über ihn schrieb Maria Theresia: „Er war ein großer Staatsmann, ihme allein schuldig die Erhaltung dieser Monarchie. Ohne seiner wäre Alles zu Grund gegangen." Außerdem empfahl Starhemberg den portugiesischen Grafen Emanuel de Silva-Tarouca, der ihr politischer Mentor wurde und sie in die Praxis der Regierungsgeschäfte einführte, was ihr Vater leider versäumt hatte.

Historiker bezeichnen Maria Theresia gern als ein „Naturtalent auf dem Thron". Aber schon Zeitzeugen – wie der venezianische Diplomat Marco Foscarini – lobte: „Sie ist in der Tat nach allgemeinem Urteil so, daß man niemand anderen als sie zur Bewahrung des Erbes des Hauses Habsburg auswählen würde, wenn man die Möglichkeit hätte, frei die Erbin in der ganzen Welt zu suchen."

Im Österreichischen Erbfolgekrieg schickte sie zur Hebung der Moral der Truppe an den Heerführer ein Gemälde, das sie mit ihrem Sohn auf dem Arm zeigte. Dazu ein Brief: „Lieber und getreuer Khevenhüller! Hier hast du eine von der ganzen Welt verlassene Königin vor Augen mit ihrem männlichen Erben; was vermeinst du, will aus diesem Kinde werden? Sieh, deine gnädigste Frau erbietet sich dir als einem getreuen Minister; mit diesem auch ihre ganze Macht, Gewalt und alles, was Unser reich vermag und enthält. Handle, o Held und getreuer Vasall, wie du es vor Gott und der Welt verantworten dich getraust. Nimm die Gerechtigkeit als ein Schild; tue, was du recht zu sein glaubst; sei blind in der Verurteilung der Meineidigen; folge deinem in Gott ruhenden Lehrmeister in den unsterblichen Eugenischen Taten, und sei versichert, daß du und deine Familie zu jetzigen und zu ewigen Zeiten von Unserer Majestät und allen Nachkommen alle Gnaden, Gunst und Dank, von der Welt aber einen Ruhm erlangest."

Sie setzte die Mutterrolle zu gerne ein, dazu ein Schuss Dankbarkeit an die Mitarbeiter, die dann immer das Gefühl hatten, sie allein könnten mit ihrem Engagement alles zum guten Ergebnis bringen. Diese Führungsstrategie verfolgte sie konsequent während ihrer Regierungszeit, auch als sie daran ging, das Staatswesen und das Militär zu reformieren. Getreu dem Motto eines persischen Sassaniden: „Es gibt kein Königtum ohne Soldaten, keine Soldaten ohne Geld, kein Geld ohne Bevölkerung, keine Bevölkerung ohne Gerechtigkeit."

Dieses Motto muss auch Anna Amalia von Sachsen-Weimar gekannt haben, denn ihre Reformen zur Sanierung des kleinen Herzogtums in Thüringen taugen heute noch jedem Staat zum Vorbild. Die junge und schwangere Witwe begann, das persische Motto von hinten abzuarbeiten. Mit Erfolg, denn Gerechtigkeit gibt Stabilität und das ist Voraussetzung für alles.

Anna Amalia, eine geborene Prinzessin von Braunschweig-Wolfenbüttel, wurde zu Beginn ihrer Regierungszeit vom Vizekanzler ihres Vaters, Georg Septimus von Praun, beraten. Gleichzeitig besuchte sie wöchentlich mehrmals die Beratungen im „Geheimen Consilium" und nahm sich „fest vor, sowohl das Geheime Consilium fleißig zu besuchen, als auch von dem, was sonsten und außer denen Sessionen vorfällt, mündlichen und schriftlichen Vortrag zu allen Zeiten willig anzunehmen, einem jeden aufmerksames Gehör zu ertheilen."

Schnell erkannte sie, dass es bei der Auswahl der Berater darauf ankam, genügend Männern Gehör zu schenken, die mit den „örtlichen Eigentümlichkeiten" vertraut waren. Trotzdem tauschte sie den ortskundigen Graf von Bünau aus, weil er zwar ein guter Administrator war, aber geltungsbedürftig und eigennützig. Dafür berief sie den ergebenen und zuverlässigen Freiherrn Jakob Friedrich von Fritsch. Besonders skeptisch behielt sie die Stadtväter und Ständevertreter im Auge, denn hier sah sie das „Gesetz der Trägheit und viel Egoismus" walten. Sie dagegen handelte entschlossen, vorausschauend und im Interesse des Herzogtums.

Zuerst wurde das Finanzwesen reformiert, neue Steuern wurden erhoben, nicht nur um die Staatskasse zu füllen, sondern auch um die Luxuswünsche der Aristokraten und reichen Bürgerlichen zu drosseln. Eine Feuerversicherung und die Straßenreinigung wurden eingeführt, ein Armen- und Siechenhaus gebaut. Arme wurden kostenlos behandelt. Nach schlechten

Ernten, wenn Hungersnot drohte, führte sie Lebensmittel ein und verteilte diese kostenlos an Bedürftige, die in Listen von der Polizei namentlich aufgeführt waren. Wer arbeitsfähig war, musste dafür im Straßenbau oder in Spinnstuben arbeiten, denn alle waren dem Gemeinwohl verpflichtet. Diebstahl, Ehebruch und Hurerei wurden drastisch bestraft. Dabei ging es nicht nur um Moral, sondern auch um die Eindämmung der Verbreitung von Geschlechtskrankheiten.

Dirigistisch setzte sie, als absolutistisch herrschende Rokokofürstin, die Preise für Grundnahrungsmittel fest, die Löhne in Handwerk und Landwirtschaft und die Immobilienpreise. Ein Haus kaufen durfte zuerst der, der noch keins hatte, und nicht der, der das höchste Gebot abgab. Das Schulwesen wurde reformiert, neue Fächer eingeführt und neue Lehrer eingestellt. Für das Gymnasium gab es einen Stipendienfonds, für die anderen Schulen eine Hilfskasse und für Arme eine Freischule.

Sonntags demonstrierte die Herzogin Volksnähe und spazierte, gefolgt von ihrem Hofstaat, die Flaniermeile von Weimar entlang. An einem Bassin fütterte sie Goldfische, drehte dann um, winkte nach rechts und links und ging zurück zum Schloss. Bei der Amtsübergabe an ihren Sohn stand das Herzogtum wesentlich besser da als zuvor. Es hatte sich ausgezahlt, dass sie nach dem Tod ihres Mannes sofort beim Kaiser in Wien ihre Volljährigkeit beantragt hatte und auch die alleinige Vormundschaft über ihre Kinder. Der Kaiser ordnete an, dass sie die Vormundschaft gemeinsam mit dem Kurfürsten von Sachsen und König von Polen, dem Sohn August des Starken, ausüben möge. Das wollte sie nicht und kämpfte dagegen mit Erfolg. Sie bekam die alleinige Vormundschaft!

Weimar dankt es ihr bis heute, dass sie gut regierte und vor allem in den Jahren nach ihrer Amtszeit mit ihrer „Tafelrunde" wesentlich dazu beitrug, dass Weimar bekannt wurde als Zentrum der Weimarer Klassik. Goethe schrieb nach ihrem Tod am 10. April 1807 in seinem Nachruf: „Sie gefiel sich im Umgang geistreicher Personen und freute sich Verhältnisse dieser Art anzuknüpfen, zu erhalten und nützlich zu machen, ja es ist kein bedeutender Name von Weimar ausgegangen, der nicht in ihrem Kreise früher oder später gewirkt hätte."

Immer wieder fällt bei starken weiblichen Führungspersönlichkeiten auf, dass es kluge und starke Männer sind, die in ihrer unmittelbaren Nähe mitarbeiten. Keine Frauen. Könnte daran liegen, dass Frauen immer Rivalinnen sind und untereinander keine Hierarchie bilden. In der Natur kommen weibliche Tiere nur als Rudel vor, aber sie achten ein Leittier, egal ob Bulle oder Kuh.

Mitarbeiter zu führen, ist eine sehr mütterliche Rolle. Um sie gut auszufüllen, kommt nach der Auswahl des richtigen Personals und der Übertragung der individuell richtigen Aufgaben, noch die Sicherung der eigenen Autorität. Und wie? Natürlich wieder mit einer Empfehlung von Machiavelli: „Man darf sich mit denen, von denen man geachtet werden will, nicht gemeinmachen, denn das stört die Würde, die Majestät und bringt Verachtung."

Führungsfrauen verzichten also bitte auf kumpelhaftes Miteinander mit Mitarbeitern. Ist die Autorität gewahrt, dann geht es noch um Motivation und dazu schrieb Jean-Jacques Rousseau in seinem Buch „Emilé oder über die Erziehung": „Lasst den Zögling immer im Glauben, er sei der Meister, seid es in Wirklichkeit aber selbst. Es gibt keine vollkommenere Unterwerfung als die, der man den Schein der Freiheit zugesteht. So bezwingt man sogar seinen Willen."

„Der Umgang unter Eheleuten: Allein diese Vorschriften sind wohl nur anwendbar auf Personen im mittleren Stande. Die sehr vornehmen und sehr reichen Leute haben selten Sinn für häusliche Glückseligkeit, fühlen keine Seelenbedürfnisse, leben mehrenteils auf einem sehr fremden Fuß mit ihren Ehegatten und bedürfen also keiner andern Regeln als solcher, die eine feine Erziehung vorschreibt." (Adolph Freiherr von Knigge)

Der Übeltäter, der die Ehe massentauglich machte und damit die Frauen an Kinder, Küche und Kirche fesselte, war Jean-Jacques Rousseau. Er empfahl dem französischen König, die Frauen in die Pflicht zu nehmen und so die Staatskasse zu entlasten. Es gab viel zu viele Armenspeisungen, Waisenhäuser und Siechenanstalten.

Interessant, dass er das propagierte Familienmodell für sich nicht lebte. Seine Frau musste alle gemeinsamen Kinder in ein Waisenhaus geben. Bei den ersten zwei Kindern meinte er zu seiner Entschuldigung: „Mein Einkommen war so gering und so unregelmäßig, daß Thérèse für unseren Lebensunterhalt arbeiten gehen musste und sich nicht um Kinder kümmern konnte." Bei den drei folgenden gemeinsamen Kindern hatte er genügend Einkommen, forderte von seiner Frau aber trotzdem nach jeder Geburt, das Kind in einem Findelhaus abzugeben.

Und apropos Frau: Dreiunddreißig Jahre war Thérèse Levasseur seine Lebensgefährtin, aber geheiratet hat er sie erst 1768, wenige Jahre vor seinem Tod. Bis dahin galt sie als seine „Konkubine" und musste gesellschaftliche Verachtung aushalten. Trotzdem muss es zwischen beiden etwas gegeben haben, was die Paarbeziehung stabil gehalten hat. Sicher einige praktische Vorteile für beide bei der Alltagsbewältigung und ab und zu einige Streicheleinheiten für Körper und Seele. Eben genau die notwendige Mischung für eine Beziehung, egal ob nun mit oder ohne Trauschein.

Früher war der Trauschein aber schon eine entscheidende Voraussetzung für die gesellschaftliche Akzeptanz der Frau. Nur mit diesem „Papier" – und natürlich einem geeigneten Ehemann – konnte zum Beispiel Eleanor Roosevelt ein interessantes, engagiertes Leben führen, das ihr auch noch viel öffentliche Anerkennung einbrachte. Mit einundzwanzig Jahren hatte sie ihren entfernten Vetter Franklin, den späteren amerikanischen Präsidenten, geheiratet. Nach elf Jahren und sechs gemeinsamen Kindern arrangierten sich die Ehepartner auf ein freundschaftliches und politisches Zweckbündnis. Er war mit ihrer Freundin fremdgegangen, aber sie beendete die Ehe nicht. Eine gute Entscheidung von ihr.

Als Franklin 1921 erkrankte und eine Beinlähmung blieb, unterstützte Eleanor ihren Mann und übernahm mehr und mehr politische Aufgaben. In ihrer Zeit als First Lady (1933 bis 1945) lief sie quasi zu Hochform auf, gab wöchentlich eigene Pressekonferenzen ausschließlich für Journalistinnen, äußerte sich täglich in einer Zeitungskolumne, reiste viel durch das ganze Land und hielt Vorträge. Ihr besonderes Engagement galt den Rechten der Schwarzen, der Frauen und im Krieg den jüdischen Flüchtlingen aus Deutschland. Auch nach dem Tod ihres Mannes (12. April 1945) blieb sie politisch aktiv. Truman, der Amtsnachfolger ihres Mannes, berief sie als US-Delegierte für die Vereinten Nationen. Die letzte Funktion ihres Lebens fand sie als Vorsitzende in Kennedys „Kommission über die Lage der Frau". All das hätte nie stattgefunden, wenn sie sich in verletztem Stolz nach der Affäre ihres Mannes hätte scheiden lassen. Für Eleanor Roosevelt war die Ehe ein großer „Lebensgewinn".

Leider kann es aber auch ganz anders kommen. So wie zum Beispiel bei Clara Immerwahr (geboren 1870, gestorben 1915). Das talentierte Mädchen aus großbürgerlichem, jüdischem Haus in Schlesien las „Unterhaltungen über die Chemie" von Jane Marcet. Das schon 1806 erschienene Buch weckte ihr Interesse an Chemie. Sie studierte und promovierte 1900 als erste Frau an der Universität Breslau in physikalischer Chemie. Ihre Heirat im

Jahr 1901 zwang sie zu einem emotionalen Spagat zwischen Familie und Beruf, der nicht gelang. Sie schreibt: „… einfach jede Natur, die sich nicht rücksichtslos gegen ihn durchsetzt, geht zugrunde. Und das ist mit mir der Fall …“ Wer ist er? Kein anderer als der Chemiker Fritz Haber.

Clara wollte nicht nur als Professorengattin repräsentieren, die üblichen Einladungen aussprechen und Abendessen geben, sie wollte in ihrem Beruf arbeiten, aber vor allem wollte sie nicht, dass ihr Mann die erste chemische Massenvernichtung leitet. Das Ehepaar geriet darüber in heftigen Streit, vor allem weil sie sich auch öffentlich dagegen aussprach, dass chemisches Giftgas entwickelt und als Kriegswaffe eingesetzt wird. Er hörte nicht auf sie, ging als „Vater der Giftgaswaffen“ in die Geschichte ein und ließ sich nach dem ersten Einsatz von Chlorgas am 22. April 1915 bei Ypern auch noch feiern. Auf französischer Seite starben 18.000 Soldaten.

Nach der Feier über den Sieg bei Ypern ging Professor Fritz Haber mit Schlaftabletten zu Bett, Clara zog sich zurück und schrieb mehrere Briefe, Abschiedsbriefe. Anschließend erschoss sie sich im Garten vor ihrer Villa in Berlin mit der Dienstwaffe ihres Mannes. Er war als Berater und Forscher für das Militär im Range eines Hauptmannes und somit im Besitz einer Dienstwaffe. Sie wollte damit ein klares öffentliches Zeichen setzen und nicht zur Mittäterin werden.

Das Hauspersonal fand am nächsten Morgen die Briefe, die gleich darauf verschwanden und bis heute nicht wieder aufgetaucht sind. Ihr Mann zeigte sich öffentlich unbeeindruckt und dienstbeflissen, reiste noch am nächsten Tag nach Galizien, um weitere Einsätze mit Giftgas vorzubereiten. Seine beruflichen Leistungen wurden 1918 mit der Verleihung des Nobelpreises für die „Synthese von Ammoniak aus den Elementen“ gekrönt.

Die Ehe zwischen Fritz Haber und Clara Immerwahr nahm einen tragischen Verlauf. Dabei hätten Eheberater nichts gegen diese Verbindung einzuwenden gehabt. Es verbanden sich zwei Menschen, die sowohl von ihrer Herkunft als auch von ihrer

Ausbildung her, gut harmonieren konnten. So weit die Theorie. Die Praxis sah dann eben doch ganz anders aus, denn das gesellschaftliche Bild eines Ehepaares war geprägt von männlicher Dominanz. Die Frau auf gleicher intellektueller Stufe war unüblich. Vielleicht drängte Fritz Haber deshalb seine Frau so sehr in die Rolle der repräsentierenden Professorengattin. In sein berufliches Engagement ließ er sich schon gar nicht reinreden.

Noch weiter weg von der gesellschaftlichen Norm sind Ehen, in denen die Frau auf einer höheren sozialen Stufe steht. Allseits sehr bekannt für das Modell sind die Prinzgemahle wie Prinz Philip (der Gemahl der britischen Königin), Dänemarks Prinz Henrik und die hoffentlich auch lange glückliche Verbindung von Kronprinzessin Victoria von Schweden und ihrem Daniel. Die Probleme, die in solchen Verbindungen auftreten können, sind zum Beispiel in den Biografien über Königin Victoria von England gut dokumentiert. Erst aufgrund des zeitlichen Abstandes konnten zahlreiche verlässliche – auch private – Quellen ausgewertet werden. Ihr Mann, Albert von Sachsen-Gotha und Coburg, sah gut aus und war von altem Adel, aber doch unter ihrem Stand.

Die Ehe wurde wie üblich unter dynastischen Aspekten arrangiert, aber nicht ohne Zuneigung der beiden zueinander. Trotzdem kann die Ehe als problematisch bezeichnet werden. Unter den Maßstäben, die heute vor allem im Bürgertum angelegt werden, wäre es schnell zur Scheidung gekommen. Albert bezeichnete sein Leben als „langweilig und geprägt von ständiger Selbstverleugnung". Seine Frau regierte ohne ihn. Welcher Mann erträgt das lange? Nach und nach übertrug sie ihm zwar Aufgaben, sparte auch nicht mit Lob, aber die letzte Entscheidung behielt sie sich immer vor. Daran änderten auch nichts ihre bewusst offen bekundeten Koketterien wie: „Wir Frauen sind nicht fürs Regieren geschaffen, und wenn wir gute Frauen sind, können wir diese männlichen Beschäftigungen nicht lieben. Es gibt Zeiten, in denen man gezwungen ist, sich darum zu kümmern, und das tue ich natürlich sehr intensiv."

Auch der Lohn, ein recht privilegiertes Leben zu führen, kann das männliche Ego nicht besänftigen. Albert stürzte sich in der Suche nach Anerkennung in vielfältige Beschäftigungen. Er kümmerte sich um die Erziehung der Kinder, aber auch um die Renovierung des Palastes von Westminster, war Kanzler der Universität von Cambridge, Mitglied der Royal Agricultural Improvement Society, übernahm die Schirmherrschaft über Konzerte für alte Musik, schrieb selbst Lieder und Chorsätze, beteiligte sich an Projekten der Architektur und des Ingenieurwesens. Er entwarf sogar für die Armee eine neue Kopfbedeckung, die den Tschako der Waterloo-Ära ersetzte. Auf der Windsor Home Farm hielt er eine Herde weißer Windsor-Schweine.

Das Verhältnis der Eheleute besserte sich wieder. Er durfte die Weltausstellung in London maßgeblich organisieren, die am 1. Mai 1851 feierlich und pompös mit Orchester, Orgel, sechshundert Sängern und Händels „Halleluja" eröffnet wurde.

Schon immer, und heute immer noch, ist es am besten, wenn Frauen „nach oben" heiraten. Männer, die sich über kurz oder lang minderwertig oder untergebuttert fühlen, werden unausstehlich. Sie machen die eigene Frau mit Kritik klein und holen sich Anerkennung woanders. Auch wenn heute die Liebesheirat quer durch alle Schichten als großer gesellschaftlicher Fortschritt gepriesen wird, so muss die hohe Scheidungsrate doch zu denken geben. Immerhin machen Experten heute zehn gesellschaftliche Milieus fest, vor der Industrialisierung waren es nur vier: Bauern (Landbevölkerung), Bürgertum (Stadtbevölkerung), Adel und Klerus. Für die Institution Ehe heißt das: Es ist heute noch schwieriger als früher, sich richtig zu verheiraten. Ehen, die sich nicht an Klassenunterschieden reiben, gibt es immer noch nicht.

Eine gelungene Ehe nach „unten" – eine von den wenigen Ausnahmen – ist zum Beispiel die Ehe von Christo und Jeanne-Claude. Beide am 13. Juni 1935 geboren, er in Bulgarien, sie in Casablanca, begegneten sie sich 1958 in Paris. Als gut ausgebildeter, aber armer Künstler, hielt er sich mit Portraitmalerei über Wasser und erhielt den Auftrag, den einflussreichen General

Jacques de Guillebon, den Stiefvater von Jeanne-Claude zu portraitieren. Die Familie war natürlich empört, als die Stieftochter begann, dem aus niederen Verhältnissen stammenden Ausländer besseres Französisch beizubringen, nur um selbst von ihm in Kunstgeschichte unterrichtet zu werden. Die Liebe war stärker als alle Klassenunterschiede: 1960 wurde dem Paar ein Sohn geboren.

Jeanne-Claude erhielt weder emotionale noch finanzielle Unterstützung durch ihre Familie. Ein armes, aber sehr kreatives Leben begann. 1962 realisierte das Paar das erste gemeinsame Projekt und bezog politisch Stellung gegen den Bau der Berliner Mauer: „Eiserner Vorhang – Mauern aus Ölfässern". Sehr bekannt wurde die Verhüllung des Reichstages in Berlin, die im Jahr 1995 vollendet wurde.

Das Künstlerpaar entwarf und realisierte nur Projekte, die wieder abgerissen wurden, denn für sie galt: „Niemand kann diese Projekte kaufen, vermarkten, besitzen oder kommerzialisieren. Niemand kann Eintritt verlangen. Nicht einmal uns gehören diese Werke." Das war das Credo des Paares. Sie nahmen keine Aufträge und keine Subventionen an. Einnahmen kamen nur aus dem Verkauf von Planungsentwürfen, Skizzen und Fotos ihrer Werke. Die Bildrechte hüteten sie wie ihren Augapfel, auch schon mal bis vor ein Gericht.

Entscheidend für die Realisierung dieser „Kunst im öffentlichen Raum" war die Zustimmung der zuständigen Behörden. Allein die Verhandlungen mit dem Deutschen Bundestag über die Verhüllung des Reichtages dauerten von 1971 bis 1994. Es ist sehr sicher, dass speziell für diesen „Genehmigungsteil" der künstlerischen Arbeiten des „ungleichen Ehepaares" vor allem Jeanne-Claude ausschlaggebend war. Sie stammte aus dem französischen Großbürgertum und war aufgewachsen und erzogen in aristokratischen Kreisen. Den Umgang mit Politikern und Entscheidungsträgern vor Ort beherrschten diese gesellschaftlichen Schichten. Jeanne-Claude hatte die diplomatischen Finessen zu Hause vorexerziert bekommen und eine ganz natürliche „Parkettsicherheit" entwickelt, die ein eingewanderter bulgarischer Künstler natürlich nicht hatte. Beide waren so das perfekte Team, um ihre „Kunst für den öffentlichen Raum“ Realität werden zu lassen.

Mit mir selbst

„Frauen sind Kriegsschiffe, die sich als Lazarette tarnen.“
(Esther Vilar)

Es ist wichtig, einen potenziellen Bündnis- und Verhandlungspartner genau zu kennen. Genau so wichtig ist es aber, sich selbst genau zu kennen und seine eigene Persönlichkeit zu stärken, um eine erfolgreiche Verhandlung mit geeigneten Bündnispartnern abschließen zu können. Nachfolgend einige Tipps für überlegtes Agieren einer diplomatischen Frau und das Bündnis mit sich selbst:

Ich bin in meinem Denken und Handeln möglichst autark. Das vermittelt mir ein gesundes Selbstbewusstsein und ist die sichere Ausgangsbasis für jede diplomatische Aktion.

Ich führe immer selbst Regie. Das hat nichts mit Selbstgefälligkeit zu tun, sondern mit Selbstsicherheit, die andere anzieht, denn alle suchen Sicherheit. Ich habe sie gefunden, weil ich glaube, dass alles, was im Leben kommt, seinen Sinn hat. Erreiche ich mein Ziel, ist das prima! Wenn nicht, dann sage ich mir: Wer weiß, wozu es gut ist!

Ich zweifle nicht an mir. Wer erkennbar und anhaltend an sich zweifelt, muss sich nicht wundern, wenn andere auch zweifeln und einem die Unterstützung verweigern. Unsichere Menschen gewinnen keinen Einfluss auf andere; das ist aber die wichtigste Voraussetzung für den eigenen persönlichen Erfolg.

Ich trainiere Selbstbeherrschung in jeder Situation. Souveränes Auftreten bewahrt einen kühlen Kopf und kluges Denken. Wenn andere mich provozieren, geht das in mein linkes Ohr rein und aus dem rechten wieder raus.

Ich bin nicht arrogant, sondern souverän. Mit Leuten, die mich angreifen, habe ich Mitgefühl, denn es sind bedauernswerte, schwache und nervöse Kreaturen. Ich lasse sie ausrasten, denn was stört es „die alte Eiche, wenn sich ein Wildschwein an ihr reibt".

Ich übernehme die volle Verantwortung für mein Handeln. Dabei beginnt mein erster Satz mit: „Ich ..." Kein Satz beginnt mit: „Das lag am Wetter, an der Person XY oder, oder, oder ..." Verantwortung zu übernehmen, befreit von Selbstvorwürfen, den Vorwürfen anderer und beschädigt so das eigene Selbstwertgefühl nicht.

Ich verteidige meine Meinung nicht. Mein Standpunkt hat keine Verteidigung nötig. Ich argumentiere nicht, sondern wiederhole gebetsmühlenartig meine Meinung. So wie Cato im römischen Senat: „Übrigens bin ich der Meinung, dass Karthago zerstört werden muss!" Diesen Satz brachte er am Ende jeder Senatssitzung. Und Karthago wurde zerstört!

Ich erwarte von anderen keine Geschenke. Auf Geschenke hoffen nur Kinder. Erwachsene machen miteinander ein Geschäft, einen Deal. Dabei können die „getauschten Werte" materieller oder ideeller Art sein. Jeder, mit dem man etwas tauschen kann, ist interessant.

Ich formuliere mein Ziel immer ganz klar und konkret. Welche Wege führen dahin? Wer könnte behilflich sein? Wer alles allein machen will, scheitert meist schon aus purer Erschöpfung.

Ich nehme mir viel Zeit, um auf Ideen zu kommen und Visionen zu entwickeln, denn es gilt: Erst kommt die Idee, dann kommt das Geld!

Ich bin flexibel bei der Wahl meiner Mittel, um an mein Ziel zu kommen, aber bei den Zielen nie, denn: „Zweige biegen sich im Wind, Äste brechen." (Chinesisches Sprichwort) Bei Konrad Adenauer hieß es: „Was interessiert mich mein Geschwätz von gestern. Niemand kann mich daran hindern, jeden Tag klüger zu werden."

Ich zelebriere immer die „Geschmeidigkeit des Seins". Den Fels in der Brandung können andere geben, denn auch ein harter Stein, an dem ständig Wind und Wasser arbeiten, wird abgeschliffen.

Ich bin im Ton immer verbindlich und bleibe in der Sache konsequent. Ich spreche so leise, dass mein Gegenüber zuhören muss. Das ist der diskrete Domina-Effekt.

Ich muss auch animalisch sein, um andere in ihrem Denken und Handeln zu beeinflussen. Der Mensch wird von Geist und Trieben gesteuert, auch wenn Geisteswissenschaftler das bestreiten. Verhaltensbiologen haben es aber bereits bestätigt. Also versuche ich, auch von den Tieren zu lernen. Zum Beispiel schlau wie ein Fuchs, klug wie eine Schlange, reaktionsschnell wie ein Tiger, gepanzert wie eine Schildkröte, kraftvoll wie ein Drache, geduldig wie eine Katze zu sein.

Ich wähle für den Erhalt einer Position, eines Jobs, eines Erbes oder einer Liebe andere Mittel und andere Partner als für den Erwerb.

Ich suche Freunde und Kollegen auf der gleichen sozialen Stufe aus, da stimmt der „Stallgeruch". Das gilt nicht nur im Beruf, sondern auch für den Lebenspartner. Für ab und zu mal guten Sex spielt die soziale Herkunft keine Rolle.

Ich entscheide mich für Mitarbeiter aus unteren sozialen Stufen. Ist die Stufe zu nah, versucht der Mitarbeiter ständig, die letzte Stufe auch noch zu erklimmen. Das ist ein ständiger Unruhefaktor, stört ein harmonisches Gleichgewicht und damit die notwendige Voraussetzung für ein strategisches, diplomatisches Spiel mit anvisiertem Sieg.

Ich scheue mich nicht, vorsätzlich Partnerschaften „auf Zeit" einzugehen, ohne das dem Partner zu sagen. Alle Partnerschaften sind Zweckbündnisse auf Zeit und nicht für die Ewigkeit. So sehr auch die Stabilität auf Dauer gewünscht ist, nichts ist so sicher wie der Wandel. Wer sich von vornherein dessen bewusst ist, wird erstaunt sein, wie lange seine „Interimslösungen" dann doch halten.

Ich begegne allen Menschen mit Respekt und Achtung aus tiefer Überzeugung und in Anerkennung ihrer Leistung. Alle sind Gotteskinder und müssen vertan werden, so wie sie sind. Alle sind an ihrem Platz in einer Gesellschaft wichtig.

Ich bewerte andere nicht, sondern registriere nur ihr Verhalten. Jede Bewertung setzt einen Maßstab voraus, im Grunde auch mit sich selbst. Das vermeide ich, denn jede Bewertung strengt an.

Ich erniedrige niemanden, nur um mich selbst zu erhöhen. Nicht, weil ich so nett bin, sondern weil ich mir späteren Ärger ersparen will. Erniedrigte sinnen auf Rache!

Ich himmle keinen Star an oder beneide andere. Das ist freiwillige Selbsterniedrigung, die klein und unsicher macht, denn schließlich gibt es „unter jedem Dach ein Ach!" Als Außenstehender kennt man das Ach nur nicht.

Ich wecke bei anderen keinen Neid. Ein wichtiges Credo, denn Neid ist der Ursprung allen Übels. Mit Takt und Diskretion erspart man sich viel Ungemach. Wer schlau ist, genießt und schweigt. Dabei ist es ohne Bedeutung, worum es geht. Weder das höhere Gehalt, die besseren Noten der Kinder, der liebevolle Ehemann oder frei nach dem Motto: Mein Haus, mein Auto, mein Pferd" – nein, mit nichts protzt man vor anderen.

Ich habe vor niemandem Angst. Angstgefühle legen die eigene Denk- und Körperleistung lahm, nicht die des anderen. Angststarre lähmt und andere haben leichtes Spiel. Ich bin überzeugt, dass die beängstigende Situation gemeistert werden kann, denn im entscheidenden Moment werde ich die notwendigen Einfälle und Kräfte haben.

Ich versuche nie, andere zu ändern. Das klappt nicht. Schade um meine Zeit und meine Energie. Ich arbeite lieber an mir, an meiner Einschätzung der Situation und an meinem Urteil über die Personen. Dann entscheide ich, ob „ich so tanzen will wie die anderen" oder eben nicht. In diesem Fall verlasse ich das „Parkett".

Ich trenne Berufliches und Privates streng. Das gibt die notwendige Distanz für eine natürliche Autorität. Die rätselhafte „Aura des kleinen Geheimnisses" muss immer bestehen. Für kuscheliges „Mögen" und kumpelhafte Freundschaft ist im beruflichen Umfeld kein Platz. Kein Wunder, dass so viele in Hierarchien aufgestiegene Manager nach ihrem Absturz keine „Freunde" mehr haben. Das waren alles Bussi-Bussi- oder Männer-Netzwerk-Beziehungen. Wohl dem, der das immer einkalkuliert hatte und noch ein ganz privates Umfeld hat.

Ich umarme alle mit dem Umarmungstrick, die mir oder meinen Lieben ans „Leder" wollen. Funktioniert das nicht, muss der Angreifer vernichtet oder ins Nirwana geschickt werden. Dazwischen gibt es nichts. Seelisch verwundete und gedemütigte Verlierer sind die Feinde von morgen.

Ich habe keine Probleme mit Ehemann, Chef, Kollegen oder Nachbarn. Leute, die Probleme haben, machen Probleme. Das wirft ein schlechtes Licht auf die eigene Persönlichkeit. Es gibt nur interessante Aufgaben, die gelöst werden können.

Ich ermögliche meinen Kindern die beste Ausbildung, denn das ist die beste Mitgift. Von allen Werten dieser Welt ist nichts so beständig wie gute Bildung, denn sie kann einem nicht verloren gehen oder genommen werden. Eine gute Ausbildung macht unabhängig von einem Ehemann oder einem Arbeitgeber, vermittelt dem eigenen „Ich" immer Zuversicht und Selbstbewusstsein und hilft in allen Lebenslagen.

Ich mache nichts, was angestrengt aussieht. Wer sich anstrengt, strengt auch andere an. Das wollen andere nicht, nehmen Reißaus, und mir fehlen die Bündnispartner zur Verstärkung der eigenen Kräfte und zum Erreichen meiner Ziele.

Ich bin immer pünktlich. Das ist die einzige Höflichkeit, die ich jedem entgegen bringe. Nicht, weil ich so gut erzogen bin, sondern weil der Wartende sonst Wut aufbaut, die ich dann mühsam abbauen muss, um eine entspannte „Verhandlungssituation" aufzubauen.

Ich bin nicht nett zu anderen. Nett ist eine Unterwerfungsgeste, die machen nur Kinder, weil sie nach der Erfahrung leben: „Wenn ich nett und lieb bin, bist du auch nett und erfüllst mir meinen Wunsch.“ Wer also auffällig nett ist, will etwas geschenkt oder ist einfach noch nicht erwachsen. Ich bin erwachsen.

Ich verzichte auf Mitleid von anderen, denn das erniedrigt mich und erhöht andere. In „schwachen Zeiten“ ziehe ich mich zur Erholung zurück.

Meine tägliche Devise heißt: „Geht nicht“ liegt auf dem Friedhof und „kann nicht“ liegt daneben.

Quintessenz

„Ohne Begeisterung, welche die Seele mit einer gesunden Wärme erfüllt, wird nie etwas Großes zustande gebracht werden.“
(Adolph Freiherr von Knigge)

In dem im Vorwort erwähnten Seminar habe ich nichts Wesentliches über die Raffinesse weiblicher Führungsstrategien erfahren. In den Biografien prominenter Frauen schon eher. Auffallend häufig war es der emotionale Anstoß, der Mitarbeiter eines Unternehmens oder Mitglieder einer Familie dazu animierte, die Ziele der „Chefin“ zu ihren gemeinsamen Zielen zu machen. Nur mit Daten, Zahlen, Fakten und dem puren Verstand ist keine gemeinsame Kraftanstrengung zu erreichen. Wenn Frauen also ihr emotionales Wissen bewusst einsetzen, statt nur männliche Führungsstrategien nachzuahmen, dann können sie sehr erfolgreich sein.

Das heißt, Frauen sollten ihren Wunschtraum von der ewigen Liebe oder einer gut bezahlten und anspruchsvollen beruflichen Position nicht schutzlos dem Alltag aussetzen, sondern ohne Skrupel nüchtern und geduldig klare Strategien anwenden. Kluge Frauen sind immer die Spielmacher und erteilen jedem Mann den „Ritterschlag“, bei dem es sich lohnt. Egal ob Liebhaber, Ehemann, Kollege oder Chef, mit ritterlichen Gefühlen stehen Männer auf einem Podest, von dem sie nicht mehr runter wollen. Dabei ist weibliche Schläue hohe diplomatische Kunst, denn sie ist ein Mix aus zielsicherer Entschlossenheit, animalischem Instinkt, kühlem Verstand und warmen Gefühlen. Mit diplomatischen Schachzügen können Frauen die Macht über Männer erlangen.

Viele Frauen fragen sich allerdings oft: „Wann kommt er?“ Das Warten auf den tapferen Ritter auf einem weißen Pferd haben aufgeweckte Frauen schon als junge Mädchen aufgegeben. Er wird nicht kommen. Es gibt zu wenige Exemplare davon. Vielleicht existiert dieser Typus Mann auch gar nicht.

Schon während der Schulzeit machen Mädchen ihre Studien und stellen fest, da stimmt bei den Mitschülern nichts vom tapferen Ritter, vom edlen Prinzen und vom klugen König. Schnell wird klar, sie muss sich selbst auf ein Pferd schwingen und ihn – quasi zur Vervollständigung des schönen Bildes – mitnehmen. Auf dem gemeinsamen Weg sollte sie dann einige Regeln kennen und einige Tricks beherrschen, damit sie ihn dann doch noch zu ihrem Ritter schlagen kann.

Dabei soll es ja immer noch Männer geben, die glauben, dass sie die Qualitäten von Casanova geerbt haben und es keiner weiteren Anstrengung bedarf, um eine Frau „rumzukriegen". Von ihren Verführungskünsten überzeugt sind mindestens neunzig Prozent aller Männer. Sie irren! Mindestens neunzig Prozent aller Frauen wissen es besser. Frauen sind nicht verführbar, sie verführen nur selbst.

Keine Frau kann von einem Mann verführt werden, wenn sie nicht vorher schon beschlossen hatte, dass er das darf. Das gilt für puren Sex, für längere Partnerschaften und auch für den Umgang mit männlichen Berufskollegen. Die schlauen und erfolgreichen Frauen behalten das allerdings für sich. Die anderen suchen mit Harmoniebedürfnis ständig nach dem Ausgleich und diskutieren mit harten Argumenten seit vielen Jahren über die neuen Rollen von Mann und Frau.

Diese Diskussionsrunden begannen zur Zeit der Industrialisierung. Plötzlich gab es viele Arbeitsplätze für Frauen und die meisten Männer verdienten so wenig, dass sie sich eine Frau für die eheliche Biedermeier-Idylle gar nicht leisten konnten. Männer, die heiraten wollten, mussten ihrem zukünftigen Schwiegervater nachweisen, dass sie für den Lebensunterhalt angemessen aufkommen können. Im neu entstandenen Arbeitermilieu wurde auch ohne diesen Nachweis geheiratet und nun mussten beide Partner einer bezahlten Arbeit nachgehen, damit der Lebensunterhalt finanziert werden konnte. Dabei ging es nicht selten ausschließlich um das nackte Überleben. Es stellte sich ganz schnell die Frage, warum die Frau auch in einer solchen Beziehung zu Hause noch Köchin, Putzfrau, Kindermädchen und Geliebte sein soll. Während sich die bürgerlichen Hausfrauen fragten, ob sie in einer Abhängigkeit vom Ehemann leben wollten, fragten sich die Frauen in Arbeiterkreisen, warum sie alle Rollen erfüllen sollen. Genügend Zündstoff für die Emanzipationsbewegung.

Viele neue Rollenmodelle für Männer und Familien scheiterten, die Einbeziehung der Männer in den Haushalt glückte nur bedingt und ist ein Dauerthema geblieben. Im Berufsleben setzten und setzen sich gesellschaftliche Vorstellungen bekannter Rollenbilder fort. Umerziehung funktioniert nicht. Es folgt im Moment die Erkenntnis, dass Männer ein wichtiger Teil unserer Gesellschaft sind und so vertan werden müssen, wie sie sind. Es gibt nur drei Dinge, durch die Männer für Frauen interessant werden: guter Sex, viel Geld oder ein hohes Sozialprestige. Optimal ist es natürlich, wenn ein Mann alle drei Dinge bieten kann. Kann er von diesen drei Dingen nichts anbieten, ist er zu bedauern, denn er wird schwer eine Dumme finden, die ihn versorgt und zwar weder in einer Ehe, einem Bett oder einem Büro. Eventuell bleibt er an einer kleben, die ihn noch umerziehen will. In diesem Fall sind beide zu bedauern.

Immer geht es im Umgang mit Männern um die Frage der Macht. Wer bestimmt, ist die Frage der Fragen. Für Frauen ist es wichtig zu entscheiden, ob sie Spielball oder Spielmacher sein wollen. Manche stellen sich diese Frage nie und wundern sich über so manche Entwicklung in ihrem Leben. Andere haben die Frage für sich entschieden, einige ganz öffentlich – das sind die Emanzen – und andere im Geheimen, das sind die Diplomatinnen. Für sie gilt nur: „Wie komme ich an mein Ziel?“ Für weiblichen Narzissmus oder pure Selbstverwirklichung ist kein Platz.

Wie „führen“ diese Frauen die Männer an der Leine, die ihnen als Ehepartner, Chef, Kollege, Mitarbeiter, Kunde oder Parteifreund begegnen und irgendwie nützlich sein sollen? Die Bibel männlicher Diplomatie heißt „Der Fürst“ und wurde 1532 von dem florentinischen Staatsdiener Machiavelli geschrieben. Frauen, die nicht nur fleißige Arbeitsbienen sein wollen, haben das Buch auch gelesen. Entschlossen und selbstbewusst mischen sie diese diplomatischen Empfehlungen noch mit weiblicher List und ihrem animalischen Instinkt. Zum Ziel kommen sie mit einem Mix aus kühler Taktik und warmen Gefühlen. Auffällig ist dabei ihr schneller Waffenwechsel je nach eigener Neigung, Profil des Mannes und der aktuellen Situation. Alles wird eingesetzt: Intellekt, Körper und Seele. Weibliche Diplomatie ist ganzheitlich.

Clevere Frauen stellen den Mann auf ein Podest, von dem er nicht mehr runter will. Sie schicken ihn als tapferen Ritter in den Kampf. Siegt er, wird er belohnt. Verliert er, wird er getröstet. In jedem Fall kämpft er für sie, auch wenn ihm das selten klar ist. Immer fühlt er sich jedoch sehr gut dabei.

Die Illusion, Diplomatie sei nur Charme und Höflichkeit, wird von denen aufrechterhalten, die alle Strategien selbst und unentdeckt einsetzen wollen. Vieles, wenn nicht alles, spielt sich im Vorfeld von Entscheidungen ab und deshalb gilt Verschwiegenheit in der Diplomatie als oberstes Gebot.

Der Vorteil der diplomatisch errungenen Siege besteht darin, dass es keine Verlierer gibt. Beide Seiten wahren ihr Gesicht. Das ist der wesentliche Unterschied, der den Mix aus weiblicher List und animalischem Instinkt über die vordergründige Kunst der Verführung und jeden öffentlichen Sieg der Macht, den Männer so lieben, emporhebt.

Wichtig sind drei Dinge: ein klares persönliches Ziel, die Kenntnis einiger Spielregeln und ein gesundes Maß an Respekt vor Männern. Nur wer andere respektiert, kann sie führen und beeinflussen. Weibliche Diplomatie ist deshalb weit mehr als kurzer Rock, gekonnter Augenaufschlag und weltgewandte Kür bei einem Small Talk.

Es gibt auch ein Pflichtprogramm und das besteht aus einem strategischen Plan und absoluter Disziplin bei der Durchführung. Die erfolgreichsten Frauen auf diesem Gebiet waren Damen mit eigenwilligem Charakter, mit Charme und Charisma, guter Allgemeinbildung und einem sicheren Gespür für das Hier und Jetzt. Öffentlich zelebrierten sie die „Leichtigkeit des Seins". Von ihren akribischen Vorbereitungen und ihrer Selbstdisziplin wussten nur wenige. Alle lebten mit der Überzeugung, dass es nur wichtig ist, an das eigene Ziel zu kommen. Weiblicher Narzissmus führt auf diesem Weg nur ins Abseits. Fleiß und Harmoniesucht reiben auf.

Damit Männer das machen, was sie sollen, müssen sie sich gut fühlen. Und mal ehrlich? Frauen wollen Männer, die sich gut fühlen und dadurch potent, selbstbewusst und ritterlich an ihrer Seite stehen. Das funktioniert nicht von allein, sondern nur mit Diplomatie, speziell mit weiblicher Diplomatie. Damit schlagen Frauen fast jeden Mann; natürlich nur zum Ritter! Er macht, was sie will, fühlt sich gut dabei und denkt: „Alles war meine Entscheidung."

Es gibt allerdings auch Männer, bei denen ist „Hopfen und Malz" verloren. Mit ihnen sollten sich Frauen gar nicht beschäftigen. Das sind Männer, die für ein Bündnis zwischen Mann und Frau nichts zu bieten haben oder nichts bieten wollen: weder Sex, Humor oder Intellekt, noch Geld, Besitz oder einen hohen sozialen Status. Außerdem leiden sie vielleicht noch an einer nicht verheilten seelischen Wunde, die dann therapeutisch in der Partnerschaft „bearbeitet" werden müsste.

Wenn Männer nichts haben, was Frauen wollen, dann sind sie als Partner für Liebe, Ehe oder Beruf schlicht uninteressant. Nur Mann zu sein, reicht für weibliches Interesse nicht aus, auch wenn manch ein Kleinbürger das hofft.

Allein die Tatsache, dass Männer immer etwas von Frauen wollen, darf Frauen nicht dazu verführen, sich mit diesen Typen zu beschäftigen. Frauen sollten sich aber auch nicht mit kindlicher Unterwerfungsgeste einen Mann angeln, um möglichst viel ohne Gegenleistung zu bekommen und sich dann wundern, wenn sie in einer bevormundeten Position enden. Ein Deal unter Erwachsenen muss in der Balance zwischen Geben und Nehmen sein. Geschenke erwarten nur Kinder, erwachsene Frauen nicht.

Die Zeit ist reif für die Renaissance der weiblichen Diplomatie, denn nur so erhält fast jeder Mann den „Ritterschlag". Frauen übernahmen und übernehmen selbstbewusst und resolut viele Führungsaufgaben in Wirtschaft, Kultur, Sport und Politik. Das war früher so, das ist heute so und das wird morgen so sein. Frauen, die Führungsaufgaben übernehmen wollen, werden diese auch erreichen. Dabei sind nicht alle Führungsaufgaben auch öffentlich. Sehr viele Frauen sehen ihre Verantwortung auch im privaten und familiären Bereich. Wer möchte bestreiten, dass diese Aufgaben nicht sehr ähnlich sind? Ein Haushalt muss gemanagt werden, Kinder müssen mit viel psychologischem Gespür erzogen werden.

Unser Seminarleiter gab uns noch den Hinweis mit auf den Weg, dass es vier Typen von Mitarbeitern gibt:

Nummer eins: *gebildet und motiviert.*

Nummer zwei: *gebildet und unmotiviert.*

Nummer drei: *ungebildet und motiviert.*

Nummer vier: *ungebildet und unmotiviert.*

„Überlegen Sie genau, wen Sie behalten und wen Sie fördern wollen. Von wem sollten Sie sich trennen? Als Führungskraft können Sie sich nicht gegenüber dem Unternehmenseigner oder den Aktionären damit rausreden, dass Ihre Mitarbeiter krank waren, sich überfordert fühlten, schlecht bezahlt wurden oder aus anderen Gründen nicht in der Lage waren, das Ziel zu erreichen, das Sie vorgegeben hatten. Führungsverantwortung ist nicht delegierbar. Sie können alle Aufgaben delegieren, nur Ihre Verantwortung nicht. Das heißt zuhören und kontrollieren müssen sie ständig und mit Feingefühl, damit das gemeinsame Ziel in der geplanten Zeit erreicht werden kann. Zuhören ist zeitaufwendig und kontrollieren manchmal unangenehm, muss aber sein. Deshalb überlegen Sie gut, wie Sie das am besten machen. Eignen Sie sich Kenntnisse über die Psychologie Ihrer Mitarbeiter an. Ergründen Sie, wie Sie die Motivation hochhalten: mit Lob, mit Geld, einem Weiterbildungsangebot oder mit einem Titel?"

Letztendlich ist es die menschliche Psyche, die für alle Beteiligten eine entscheidende Rolle spielt, denn nur zwanzig Prozent unserer Entscheidungen treffen wir ganz rational. Die anderen achtzig Prozent unserer Entscheidungen treffen Führungskräfte und Mitarbeiter, Eheleute oder Freunde nach Gefühl, also emotional aus dem Bauch heraus.

Da Frauen dafür mehr Antennen haben als Männer, können gerade sie auch in männerdominierten Gesellschaften die Führungsrollen gut übernehmen und zum Glück geschieht das immer öfter. Aus diesem Grund wird es in Zukunft noch sehr viel mehr Biografien über interessante und erfolgreiche Frauen geben.

Literaturverzeichnis

Dieses auf dem gegenwärtigen Forschungsstand basierende Buch ist für einen breiteren Leserkreis geschrieben. Es enthält keinen wissenschaftlichen Apparat, doch wird im Folgenden auf einschlägige Literatur und weiterführende Quellen, die von der Autorin benutzt wurden, verwiesen.

Alewyn, Richard; Sälzle, Karl: Das große Welttheater. Die Epoche der höfischen Feste in Dokument und Deutung. *Hamburg 1959*

Appel, Sabine: Im Feengarten. Goethe und die Frauen. *Stuttgart 1998*

Aretino, Pietro: Kurtisanengespräche. *Frankfurt am Main 1986*

Arnaud, Claude, Minoret, Bernard: Les Salons. *Paris 1985*

Bach, George; Goldberg, Herb: Keine Angst vor Aggression. Die Kunst der Selbstbehauptung. *Frankfurt am Main 1995*

Bach, Steven: Marlene Dietrich, Life and Legend. *New York 2000*

Badinter, Elisabeth: Die Mutterliebe. Geschichte eines Gefühls. *München 1981*

Badinter, Elisabeth: Der Konflikt. Die Frau und die Mutter. *München 2012*

Balzac, Honoré de: Glanz und Elend der Kurtisanen. *München 1991*

Bang, Franz: König August Friedrich III. *Dresden 1915*

Bayern, Adalbert von: Eugéne Beauharnais. *Berlin 1940*

Beauvoir, Simone de: Das andere Geschlecht. *Reinbeck 2000*

Bergmann, Alfred (Hrsg.): Briefe des Herzogs Carl August von Sachsen-Weimar an seine Mutter, die Herzogin Anna Amalia (Oktober 1774 bis Januar 1807). *Jena 1938*

Bestenreiner, Erika: Luise von Toskana. Skandal am Königshof. *München 2007*

Bode, Wilhelm: Amalie, Herzogin von Weimar. *Berlin 1908*

Bode, Wilhelm: Der weimarische Musenhof 1756-1781. *Berlin 1917*
Boehn, Max von: Die Mode. Menschen und Mode im achtzehnten Jahrhundert. *München 1909*
Bradford, Sarah: Jackie Kennedy Onassis. Ein leidenschaftliches Leben. *Frankfurt am Main 2007*
Broglie, Gabriel de: Madame de Genlis. *Paris 1985*
Brunner, Otto: Adeliges Landleben und europäischer Geist. *Salzburg 1949*
Claridge, Laura: Tamara de Lempicka – Ein Leben für Dekor und Dekadenz. *Frankfurt a.M. 2005*
Clauss, Manfred: Kleopatra. *München 1995*
Clinton, Hillary Rodham: Gelebte Geschichte. *Berlin 2006*
Cook, Blanche Wiesn: Eleanor Roosevelt. *New York 1991*
Crankshaw, Edward: Maria Theresia. Die mütterliche Majestät. *München 1981*
Craveri, Benedetta: Königinnen und Mätressen. Die Macht der Frauen – von Katharina de' Medici bis Marie Antoinette. *München 2008*
Cronin,Vincent: Katharina die Große. Biographie. *München 2006*
Dobel, Richard (Hrsg.): Lexikon der Goethe-Zitate. *München 1995*
Drewitz, Ingeborg: Berliner Salons. *Berlin 1979*
Dumas, Alexandre d.J.: Die Kameliendame. *Berlin 2002*
Erickson, Carolly: Königin Victoria. Eine Biographie. *München 2009*
Faltin, Sigrid: Die Baroness und das Guggenheim. Hilla von Rebay – eine deutsche Künstlerin in New York. *Lengwil 2005*
Gleichen-Rußwurm, A. von: Das galante Europa. *Stuttgart 1911*
Goethe, Johann Wolfgang: Werkausgabe. *Frankfurt am Main 1981*
Green, Robert: Die 24 Gesetze der Verführung. *München 2004*

Griffin, Susan: Die Tugenden der Kurtisanen. Mächtige Frauen mit eigener Moral. *Berlin 2005*
Günther, Gitta: Weimar. Eine Chronik. *Leipzig 1996*
Günzel, Klaus: Das Weimarer Fürstenhaus. *München 2008*
Haedrich, Marcel: Coco Chanel. Eine Nahaufnahme. *Frankfurt am Main 1989*
Haslip, Joan: Madame du Barry. *München 1998*
Herre, Franz: Joséphine. Kaiserin an Napoleons Seite. *Regensburg 2003*
Herre, Franz: Maria Theresia. Die große Habsburgerin. *München 2010*
Heuschele, Otto: Anna Amalia. Die Begründerin des weimarischen Musenhofes. *München 1947*
Heyden-Rynsch, Verena von der: Europäische Salons. Höhepunkte einer versunkenen weiblichen Kultur. *München 1992*
Hindermann, Federico; Heinser, Bernhard: Deutsche Aphorismen aus drei Jahrhunderten. *Zürich 1992*
Hoffmann, Gabriele: Constantia von Cosel und August der Starke. Die Geschichte einer Mätresse. *Bergisch-Gladbach 1991*
Hohenzollern, Johann Georg Prinz von; Salmon, Xavier: Madame de Pompadour und die Künste. Ausstellungskatalog. *München 2002*
Hubert, Gérard: Malmaison. *Paris 1980*
Ignasiak, Detlef: Regenten-Tafeln Thüringischer Fürstenhäuser. Mit einer Einführung in die Geschichte der Dynastien in Thüringen. *Jena 1996*
Jullian, Philippe: D'Annunzio. Viking Press *New York 1973*
Kammeyer, Hans: Pillnitz und seine Geschichte. *Hosterwitz-Pillnitz 1928*
Kerner, Charlotte (Hrgs.): Madame Curie und ihre Schwestern. Frauen, die den Nobelpreis bekamen. *Weinheim 1997*
Klein, Jürgen: Elisabeth I. und ihre Zeit. *München 2004*
Knigge, Adolph Freiherr von: Über den Umgang mit Menschen. *Frankfurt am Main 2001*

Kock, Otto: Harte Leibeigenschaftsstrafen auf Gut Depenau. In: Die Heimat, Jg. 77, 1970, S. 236-238
Langguth, Gerd: Angela Merkel. *München 2005*
Leitner, Gerit von: Der Fall Clara Immerwahr. Leben für eine humane Wissenschaft. *München 1993*
Lever, Evelyne: Marie Antoinette. Eine Biografie. *Augsburg 1995*
Lewis, Arthur H.: La Belle Otero. *New York 1967*
Loomis, Stanley: Die Dubarry. *München 1960*
Louis XIV.: Mémoires, présentés et annotés par J. Lognon. *Paris 1978*
Lyncker, Wilhelm Heinrich Freiherr von: Ich diente am Weimarer Hof. Aufzeichnungen aus der Goethezeit (vollst. hrsg. von Jürgen Lauchner). *Köln, Weimar, Wien 1997*
Madsen, Axel: Chanel. Die Geschichte einer emanzipierten Frau. *Hamburg 1992*
Magne, Emilie: Ninon de Lenclos. *Paris 1927*
Maierhofer, Waltraud (Hrsg.): Angelika Kauffmann. Briefe einer Malerin. *Mainz 1999*
Malhotra, Inder: Indira Gandhi. A Personal and Political Biographie. *London 1989*
Masson, Frédéric: Napoléon et les femmes. *Paris 1894*
Moix, Terenci: Der Traum der Kleopatra. *München 2001*
Morellet, Abbé: Mémoires. *Paris 1821*
Müller-Vogg, Hugo: Angela Merkel – mein Weg. *Hamburg 2005*
Naumann, Frank: Die Kunst der Diplomatie. Zwanzig Gesetze für sanfte Sieger. *Reinbeck 2004*
Noll, Peter; Bachmann, Hans Rudolf: Der kleine Machiavelli. Handbuch der Macht für den alltäglichen Gebrauch. *Zürich 1987*
Perner, Rotraud A.: Die Tao-Frau. Der weibliche Weg zur Karriere. *München 1997*
Petitfils, Jean-Christian: Madame de Montespan. *Paris 1988*
Pfister, Kurt: Frauenschicksale aus acht Jahrhunderten. *München 1949*

Pöllnitz, Carl Ludwig von: Das galante Sachsen. *München 1995*
Pusch, Luise F. et al (Hrsg.): Ohne Frauen ist kein Staat zu machen. *Frankfurt am Main 2007*
Reid, Robert: Marie Curie. Biographie. Düsseldorf/ Köln 1980
Rumohr, Henning von: Schlösser und Herrenhäuser in Schleswig. *Frankfurt am Main 1968*
Salentin, Ursula: Anna Amalia. Wegbereiterin der Weimarer Klassik. *Weimar, Köln, Wien 1996*
Schmölders, Claudia (Hrsg.): Die Kunst des Gespräches. *München 1986*
Schopenhauer, Arthur: Die Kunst, Recht zu behalten. *HH 2014*
Schott, Siegfried: Zum Krönungstag der Königin Hatschepsut. In: Nachrichten der Akademie in Göttingen 1995
Schultz, Uwe: Madame de Pompadour oder die Liebe an die Macht. *München 2004*
Schulze, Peter: Hatschepsut. Herrin beider Länder. *Bergisch-Gladbach 1980*
Schumacher, Hajo: Die zwölf Gesetze der Macht. Angela Merkels Erfolgsgeheimnisse. *München 2006*
Senger, Harro von: Die Kunst der List. Strategeme durchschauen und anwenden. *München 2001*
Seymour, Bruce: Lola Montez. *München 2002*
Toskana, Luise von: Mein Leben. *Wien 1988*
Walcha, Otto: Meißner Porzellan. *Dresden 1973*
Wandruszka, Adam: Maria Theresia. Die große Kaiserin. *Göttingen 1980*
Wardetzki, Bärbel: Weiblicher Narzissmus. Der Hunger nach Anerkennung. *München 1991*
Weissensteiner, Friedrich: Die Frauen der Genies. *München 2009*
Werner, Charlotte Marlo: Goethes Herzogin Anna Amalia. Fürstin zwischen Rokoko und Revolution. Düsseldorf 1996
Wunderlich, Dieter: EigenSinnige Frauen. Zehn Portraits. *München 2007*
Zweig, Stefan: Die Königinnen. Maria Stuart und Marie Antoinette. *Gütersloh 1982*

Personenregister